复杂艰险山区立体交叉隧道动力响应分析

孟庆一　吴红刚　主　编
高　岩　孙天佐　雷　浩　副主编

人民交通出版社股份有限公司
北　京

内 容 提 要

本书依托典型立体交叉隧道工程案例,重点对复杂艰险山区立体交叉隧道工程中所存在的问题及施工难点进行分析,总结出复杂艰险山区立体交叉隧道设计及施工中的关键技术问题。在此基础上,选取典型正交型及斜交型立体交叉隧道为研究对象,完成了不同工况下的振动台试验;研究了在地震荷载作用下平行型和正交型立体交叉隧道穿越坡体病害地段时的动力响应和破坏特性。

本书可供从事隧道及抗震工程设计和施工的科研、技术人员参考。

图书在版编目(CIP)数据

复杂艰险山区立体交叉隧道动力响应分析/孟庆一,吴红刚主编.—北京:人民交通出版社股份有限公司,2021.12

ISBN 978-7-114-17743-9

Ⅰ.①复… Ⅱ.①孟…②吴… Ⅲ.①山区道路—公路隧道—隧道施工—动态响应 Ⅳ.①U459.2

中国版本图书馆 CIP 数据核字(2021)第 256618 号

Fuza Jianxian Shanqu Liti Jiaocha Suidao Dongli Xiangying Fenxi

书　　名: 复杂艰险山区立体交叉隧道动力响应分析
著 作 者: 孟庆一　吴红刚
责任编辑: 朱明周
责任校对: 席少楠
责任印制: 张　凯
出版发行: 人民交通出版社股份有限公司
地　　址: (100011)北京市朝阳区安定门外外馆斜街 3 号
网　　址: http://www.ccpcl.com.cn
销售电话: (010)59757973
总 经 销: 人民交通出版社股份有限公司发行部
经　　销: 各地新华书店
印　　刷: 北京交通印务有限公司
开　　本: 720 × 960　1/16
印　　张: 8.5
字　　数: 151 千
版　　次: 2021 年 12 月　第 1 版
印　　次: 2021 年 12 月　第 1 次印刷
书　　号: ISBN 978-7-114-17743-9
定　　价: 42.00 元

序

在“一带一路”和“交通强国”建设的背景下，我国交通事业正蓬勃发展。截至2018年底，全国公路总里程已达484.65万km，高速公路总里程达14.26万km，居世界第一。按规划，2030年我国公路总里程将达到约580万km，铁路营业里程将达到14.6万km。

山区面积约占我国国土总面积的七成，尤其是西部区域，地形地质条件复杂，地质灾害频发，给工程建设和运营带来极大的挑战。近年来，新建渝利铁路火风山隧道上跨渝怀铁路人和场隧道、温福铁路琯头岭隧道下穿琯头岭隧道左右线、重庆绕城高速公路施家梁隧道上跨遂渝铁路新龙凤隧道、伏牛山特长公路隧道上跨既有隧道及丹大铁路立体交叉隧道群等重点工程，受地形地质条件的限制，在建设和运营中遇到许多世界罕见的工程难题，没有可以直接借鉴的现成经验，亟待探究这些工程建设和运营过程中所遇到的实际问题。

隧道是交通线路的控制性工程。对存在坡体病害的地段，隧道工程选线时通常遵循平面避绕原则，但高速铁路和高速公路对线路平顺性的要求高，平面绕避已无法很好地满足选线要求。交叉隧道结构受地形地貌等条件的限制较小，同时具有线路规划便利、设计优化、造价低以及施工快速等优点，因此在工程建设中逐渐被应用。隧道之间平行、上跨或下穿的立体交叉隧道结构不同于常规的单孔隧道，所受荷载不明确，对周边环境更为敏感，其在地震荷载作用下的受力及响应也更为复杂。但目前关于立体交叉隧道在不同地震激励作用下的动力响应特性研究尚未取得实质性突破。在已有成果中，研究对象以城市轨道及地铁隧道为主，且以结构交叉工况居多；研究手段主要为理论分析和数值模拟；没有针对复杂艰险山区立体交叉隧道的大型振动台试验研究成果。因此，地震荷载作用下复杂艰险山区立体交叉隧道的动力响应及破坏模式已成为亟待研究的核心问题。

《复杂艰险山区立体交叉隧道动力响应分析》一书的研究成果可为复杂艰险山区立体交叉隧道在地震荷载作用下的破坏模式预测及工程安全评价提供理论支撑,将推动我国立体交叉隧道关键建造技术的发展,对于正确指导陆路立体交叉隧道的设计、施工和运营维护具有重要的科学价值和推广应用价值。

白海峰

于大连交通大学土木工程学院

2021 年 12 月 27 日

前　　言

本书依托典型立体交叉隧道工程案例，重点对复杂艰险山区立体交叉隧道工程中所存在的问题及施工难点进行分析，总结出复杂艰险山区立体交叉隧道设计及施工中的关键技术问题。在此基础上，选取典型正交型及斜交型立体交叉隧道为研究对象，完成了不同工况下的振动台试验，研究了在地震荷载作用下平行型和正交型立体交叉隧道穿越坡体病害地段时的动力响应和破坏特性。

本书由中铁九局集团有限公司大连分公司孟庆一、中铁西北科学研究院有限公司吴红刚任主编，中铁九局集团有限公司大连分公司高岩、孙天佐和兰州交通大学雷浩任副主编。编写分工如下：中铁九局集团有限公司大连分公司孟庆一、赵宝欣、高岩和李德柱编写第 1 章、第 2 章和第 4 章部分内容；中铁西北科学研究院有限公司吴红刚编写第 1 章、第 2 章、第 3 章、第 5 章和第 6 章部分内容；兰州交通大学雷浩编写第 1 章、第 2 章、第 4 章、第 5 章和第 6 章部分内容；中铁九局集团有限公司大连分公司孙天佐、于广龙、陈嘉和隋成文编写第 1 章、第 2 章和第 4 章部分内容；中铁九局集团有限公司大连分公司孙天佐、李德柱、杨立森、周正捷编写第 2 章、第 3 章和第 5 章部分内容；中铁九局集团有限公司孙天佑编写第 2 章、第 3 章和第 5 章部分内容。在此过程中，研究生梁彧、纪志阳、任建凯、马坤，中铁九局集团有限公司大连分公司邓传亮、王淼鑫给予了协助。

兰州交通大学赖天文副教授审阅了本书，提出了许多宝贵的意见，在此谨表感谢。

在本书的编写过程中，中国铁道科学研究院牌立芳博士、诸多科研院所以及公路、铁路设计和施工单位给予了关心与支持，提出了许多宝贵意见；笔者参考了国内外许多前辈和同行的著作，在此一并表示诚挚的感谢。本书得到了国家重点研发计划(2018YFC1504901)、中铁九局集团有限公司大连分公司科技开发项目(KJ-2019-01,DLF-ML-JSFW-2021-09)及中铁科研院(科研)字2017-KJ008-Z008-03的支持与资助。

本书可作为隧道工程、岩土工程、地震工程专业研究生的参考用书,也可供从事上述专业的科研、规划、设计、施工、管理人员参考。

由于笔者水平有限,书中难免有欠妥之处,敬请批评指正,不胜感谢。

作　者

2021年12月

目　录

第1章

绪　　论

1.1　研究背景

随着我国经济的发展,对基础设施,尤其是对交通设施的建设需求在不断增加,高等级的交通干线得到了前所未有的发展,例如高速/重载铁路和高速公路分别是铁路和公路交通发展的主方向、修建城市地铁是缓解城市交通拥堵问题的重要手段、西部大开发中的水利水电发展需要修建大量引水隧洞,从而不可避免地造成新建隧道邻近既有隧道的交叉近接工程大量涌现。

我国立体交叉隧道近接工程已大量出现,如云南盐津白水江三级电站引水隧洞下穿内昆铁路手扒岩隧道、重庆绕城高速公路施家梁隧道上跨遂渝铁路新龙凤隧道、太中银铁路红井子隧道上跨定边引黄隧洞、漳泉铁路瑞峰隧道下穿324国道公路隧道、龙长高速公路隘岭隧道下穿赣龙铁路古城隧道、遂渝铁路龙凤隧道下穿渝合高速公路尖山子隧道、丰泽街隧道在泉厦高速公路大坪山隧道下穿和福厦线大坪山铁路隧道上跨既有公路隧道等工程。

未来20年是我国交通设施建设的关键时期,我国将建成8.5万km高速公路、1.6万km高速铁路客运专线、5000km的城市轨道交通线路,完成既有铁路线时速200km改造1.3万km、铁路复线改造约4.5万km,建设众多的大型综合枢纽配套工程。在土地资源日益紧张、环保和可持续发展理念日益深入人心的背景下,必将出现大量的交叉近接隧道工程问题,其复杂的受力特征和敏感的环境影响成为广大土木科技工作者的研究重点和难点。这之中,一个典型就是东北东部铁路通道前阳至庄河段的丹东枢纽配套工程,其线路分布复杂,设计有多条连接线,包含丹大正线以及同金、金丹联络线,其中正线共有隧道4座,金丹联络线有隧道1座,同金联络线共有隧道3座,多座隧道呈交叉并行,隧道上下交叉最小净距仅为4.24m,隧道并行最小净距仅为5.92m,形成立体交叉隧道。因此,开展针对该工程中陆路交通立体交叉隧道群建造关键技术问题的研究，将对立体交叉隧道工程建设提供积极的指导作用。

东北东部铁路通道前阳至庄河段的丹东枢纽配套工程中，共出现11处隧道立体交叉群及1处三座隧道并列，具体相互位置关系及净距情况如下：

①盘道岭隧道在JDLDK1+403.35处下穿新建丹大正线草莓沟1号隧道，结构净距4.24m。

②盘道岭隧道在JDLDK1+973处下穿新建沈丹客专DK250+444.79锦江山隧道，结构净距17.7m。

③盘道岭隧道在JDLDK3+914处下穿既有丹汤公路盘道岭右线隧道，结构净距26.355m。

④盘道岭隧道在JDLDK4+015处下穿既有丹汤公路盘道岭左线隧道，结构净距17.8m。

⑤盘道岭隧道在JDLDK1+154处下穿拟建丹东市四号干线公路锦江山隧道右线，结构净距24.013m。

⑥盘道岭隧道在JDLDK1+190.5处下穿拟建丹东市四号干线公路锦江山隧道左线，结构净距24.385m。

⑦草莓沟1号隧道在DK251+136处下穿拟建丹东市四号干线公路锦江山隧道左线，结构净距10.23m。

⑧草莓沟1号隧道在DK251+100处下穿拟建丹东市四号干线公路锦江山隧道右线，结构净距10.337m。

⑨草莓沟2号隧道在TJLDK156+437处下穿新建沈丹客运专线DK249+200锦江山隧道，结构净距16.5m。

⑩草莓沟2号隧道在TJLDK158+053处下穿既有丹汤公路路基，结构净距12.63m。

⑪草莓沟2号隧道在TJLDK158+161处下穿既有丹汤公路盘道岭左线隧道，结构净距7.47m。

⑫石场沟1号、2号、3号隧道呈“M”形并列，石场沟1号隧道为丹大正线双线隧道，石场沟2号及3号隧道为同金联络线单线隧道，3条隧道小间距并行，全长均为780m左右。1号隧道与2号隧道的净距为8.15m，与3号隧道的净距为5.92m。

本研究立足于工程实际，以丹大快速铁路DT2标段隧道群及大连滨海大道隧道工程为案例，针对复杂艰险山区立体交叉隧道群的动力响应进行研究，在强调安全、实用的同时力求理论创新。综合目前对立体交叉隧道关键建造技术的最新研究成果,结合项目区的水文地质及围岩的稳定性情况,同时考虑到立体交叉隧道的结构特点,基于工程实例采用调研、理论分析、大型振动台试验、数值模拟等相结合的研究方法,重点研究多因素作用下陆路交通立体交叉隧道群地震动力响应及建造施工工艺。研究成果将推动我国立体交叉隧道关键建造技术的发展,对于正确指导复杂艰险山区立体交叉隧道的设计、施工和运营维护具有重要的科学价值和推广应用前景。

1.2 国内外研究现状

1.2.1 立体交叉隧道研究现状

近年来,新建隧道上跨或下穿既有公路、铁路、地铁及高速铁路隧道的立体交叉隧道工程大量出现。例如,日本新建的东西向 Tozai 地铁线与既有 Keishin 线相连,采用了类似于四孔麻花的线型[1-2];意大利—瑞士高速公路在穿越米兰一座小城时采用从水平平行过渡到垂直平行的双车道双孔隧道形式;新加坡高速公共交通系统采用四孔平行隧道穿越回填土和海相黏土冲积层[3-4];天津地铁 5 号线、6 号线 8 条隧道全部贯通,是国内目前规模最大的麻花形地铁隧道群(图 1-1),以及云南盐津白水江三级电站引水隧洞下穿内昆铁路手扒岩隧道[5]、重庆绕城高速公路施家梁隧道上跨遂渝铁路新龙凤隧道[6-7]、太中银铁路红井子隧道上跨定边引黄隧洞、漳泉铁路瑞峰隧道下穿 324 国道公路隧道[8]、龙长高速公路隘岭隧道下穿赣龙铁路古城隧道[9]、遂渝铁路龙凤隧道下穿渝合高速公路尖山子隧道[10]等工程。

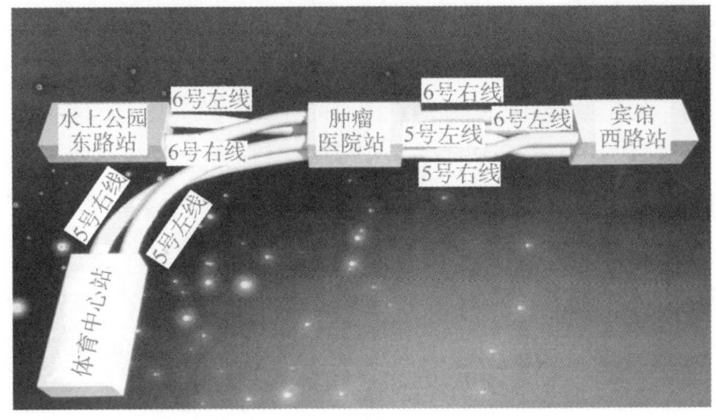

图 1-1 天津地铁麻花形隧道群

另外,还有许多结构净距较小的立体交叉隧道工程。新建渝利铁路火凤山隧道上跨渝怀铁路人和场隧道,交叉段最小结构净距仅为5.47m;新建皖赣双线铁路与九景衢铁路在景德镇市出现隧道交叉,交叉段最小结构净距仅为4.5m;新建丹大快速铁路草莓沟1号隧道于DK250+850~250+930段上跨盘道岭隧道,交叉段最小结构净距仅为4.24m,见图1-2;新建的温福铁路馆头岭隧道下穿温福高速公路馆头岭隧道左右线,铁路隧道拱顶距公路隧道基底2.91m。

图1-2　草莓沟1号隧道上跨盘道岭隧道

相比于单孔及水平平行隧道,立体交叉隧道的理论和技术还不成熟。立体交叉隧道是一个多连通体,具有近距离穿越风险大、多效应耦合突出、环境效应往复叠加、变形和稳定性控制难度大等显著特点。

一般认为由于隧道等地下结构受到周围土体的约束,在地震发生时随周围岩体一起运动,地下结构很少遭到破坏,所以除特殊情况外,一般地震对地下结构的影响不大。因此,人们对地上结构的抗震和减震研究比较深入,其理论也相对成熟,并在实际的工程中大量应用,取得了较为丰富的成果。但由于近年来大地震频发(1995年大阪7.2级地震;1999年伊兹米特7.8级地震;1999年台湾集集7.6级地震;2008年四川汶川8.0级地震;2013年四川雅安7.0级地震),对隧道等地下结构造成了大规模的损伤,使得人们对地下结构的抗震、减震意识逐渐提高。同时由于立体交叉隧道工程的特殊性,所以地震荷载作用下其隧道围岩的安全稳定性成为主要的研究难点之一。

在地震荷载作用下,山区立体交叉隧道结构在同一时刻往往受到入射、反射、绕射等多种地震波的激振,相互之间影响较大;另外由于围岩之间的相互影响,交叉段容易成为整条隧道最为薄弱的区段,一旦发生地震将会产生严重的后果。我国较大面积的国土上断裂发育、地震活跃,山区立体隧道交叉段的抗震问题日益突出,因此深入研究不同地震激励作用下复杂艰险山区立体交叉隧道的动力响应特性,对于正确指导复杂艰险山区立体交叉隧道的设计、施工和运营维护具有重要的现实意义。

1.2.2　隧道地震动力响应研究现状

地震响应分析常用方法有原型观测法、理论分析法和模型试验法三大类[11]。

1.2.2.1　原型观测法

原型观测法主要包括地震观测和震害调查两种途径。通过大量的地震观测和震害调查,逐渐认识到对地下结构地震响应起决定作用的是周围土体的变形而不是地下结构的惯性力,在地震作用下,软土地层的反应要比岩石地层的反应大[12]。

1923 年的日本关东大地震、2008 年汶川地震均致使震区内大量的隧道结构遭到损毁破坏[13]。调查表明:这些震害主要发生在地层或地形条件有显著差异处(如断层、洞口等)或结构刚度发生显著变化处(如竖井与洞身连接处、重叠交叉隧道邻近处等)。

原型观测法是地震响应研究中最基本的方法,也是后续研究及调查的基础。

1.2.2.2　理论分析法

现有的地下结构抗震理论分析法主要可分为两类。一类是波动解法,以波动方程为基础求解地下结构与周围介质中的波动场和应力场,再按照无限介质中的孔口问题处理,求得支护结构及围岩中的应力。该方法不考虑土结相互作用的影响,实际应用中需要对问题做许多简化(如假设介质是均匀的、波形是单一的平面波等),不能考虑复杂地质条件和地震波的反射、折射等复杂因素,一般主要应用于地下结构抗震平面问题的研究。另一类是相互作用法,首先求解介质中自由场的地震运动,再根据结构所在部位地基的运动求解地下结构的运动方程。其中需将周围介质的作用等效为弹簧和阻尼器,考虑相互作用的影响。此方法比较适于从整体上反映地下结构的三维特性。

1)拟静力法

拟静力法是把地震作用以惯性力的形式施加到地下结构上,然后采用静力学方法考虑地震荷载对地下结构的影响。其中地震惯性力 $F=(a/g)Q$,a 为作用于地下结构的地震加速度,g 为重力加速度,Q 为结构自重。采用该方法计算的结构内力一般大于动力响应计算值,比较适合于刚度很大、变形很小的地下结构抗震计算。

2)SHUKLA 方法

该方法是由美国学者 SHUKLA 提出的一种拟静力分析方法,以弹性地基梁理论为基础,考虑土与地下结构相互作用的影响。建立地下结构的拉伸模型求解地下结构的最大拉伸应变及最大拉应力;建立地下结构的弯曲数学模型求解地下结构的最大曲率及最大弯矩。

3)反应位移法

20 世纪 70 年代日本学者在地震观测中发现,对地下结构地震反应起决定性作用的不是惯性力,而是周围岩土介质的变形。根据这一认识提出了反应位移法,该方法把地下结构假设为弹性地基梁,将地震时周围介质的变形通过地基弹簧以静荷载的方式加到地下结构上,再根据静力学方法求得地下结构的反应。

4)围岩应变传递法

根据对地下管道、海底隧道等的地震观测结果发现地下结构在地震作用下的应变波形与周围介质的应变波形几乎完全相似,因此根据此相似关系提出了围岩应变传递法,即 $\varepsilon_s=a\varepsilon_g$,其中:$\varepsilon_s$ 为地下结构的动应变;ε_g 为无地下结构影响时周围介质的地震应变;a 为应变传递率系数,是一个静态系数,只随地下结构的形状、刚度以及周围介质刚度而变化,与地震动的频率、波长无关,可以通过静力有限元法确定。

5)数值模拟分析

目前主要的数值模拟技术包括有限单元法、有限差分法、离散单元法、有限差分法、非连续变形分析方法、流行元法、边界元法、无界元法以及半解析元法[14]。

Hu 等[15]利用大型有限元分析软件 ABAQUS 对日本大开地铁车站的地震响应进行了模拟分析,并对震害机理进行了研究。杨超等[16]利用拉格朗日差分法对典型软土地铁车站进行了地震响应的数值模拟分析。胡建平等[17-19]运用 ADINA 软件中的 Newmark 直接积分法和 Mohr-Coulomb 弹塑性模型,计算在不同地震波和不同方向地震激励作用下,隧道顶部在不同覆土厚度情况下的动力响应规律,分析了衬砌厚度变化对隧道地震反应的影响。王伯超[20]等采用 IDA

分析法全面讨论了不同地震作用及地震动强度参数对隧道衬砌地震响应的影响规律,通过易损性理论分析隧道衬砌在不同强度地震作用下超越不同性能水准的概率。蔡海兵等[21]建立了工作竖井与盾构隧道、明挖隧道相连的空间交叉结构三维模型,采用 FLAC 3D 对该复杂结构进行了横向地震响应分析。李永靖等[22]利用大型有限元软件 ANSYS 分析上海矩形地铁隧道在三种典型场地中的地震反应特性,获得了矩形隧道在三种场地中的地震反应规律,结果表明:对处于软土地层中的矩形地铁隧道,应力的抗震薄弱位置在衬砌形状突变处,水平位移的抗震薄弱位置在隧道顶部,水平加速度的抗震薄弱位置在隧道底部。刘妮娜等[23]用数值模拟方法分析地震荷载作用下地铁隧道场地的动力响应,结果表明:在施加地震荷载后地铁隧道拱顶处的竖向土压力迅速上升,震级越大竖向土压力越大;隧道内力中轴力最大值在右拱脚处,左拱脚次之;剪力最大值在右拱腰处,左拱腰次之。

通过数值计算可以对实际隧道工程进行模拟分析,对不同工况下的响应进行分析,并且可以将结果与试验及现场测试结果进行对比,是目前隧道工程分析中最为常用的手段之一。

1.2.2.3 模型试验法

模型试验法是地下结构抗震研究的一种重要途径,需要考虑围岩相似材料、边界效应等因素。现有的模型试验方法主要包括人工震源试验、振动台试验和离心机振动台试验。

1)围岩相似材料

围岩相似材料是振动台试验的基础,因此有大量学者对振动台模型试验围岩和结构相似材料进行研究。

刘晓敏等[24]基于地下洞室群振动台试验,采用以铁粉、重晶石粉和石英砂为集料、以石膏为胶凝材料、以甘油为调节剂的配比方案。李云等[25]通过试验测定胶砂比、石英砂含量、重晶石粉含量不同时相似材料的物理力学性能,确定了围岩配比方案。李术才等[26]依托青岛胶州湾海底隧道现场勘察资料,应用地质力学模型试验的流-固耦合相似理论,通过大量的配比试验研制出由砂、重晶石粉、滑石粉、水泥、凡士林、硅油和适量拌和水组成的新型流-固耦合相似材料(SCVO)。陶智辉[27]利用单轴抗压、劈裂和假三轴试验,以滑粉、石英砂、石膏粉和松香酒精溶液为基本配比材料,经过搅拌压实制作出了围岩相似材料。吴耀宗等[28-29]依托某引水隧道模型试验,以粉煤灰、河沙、机油、石英砂为基本配比材料,通过室内试验得到了不同材料配比下的材料物理力学性能。

通过上述研究可知,目前主要通过不同配合比的铁粉、重晶石粉、石英砂、石膏及甘油等来模拟隧道围岩。

2)边界效应

振动台试验中的边界效应是不可忽略的问题。针对地下结构振动台试验中的边界效应问题,国内外学者进行了多方面的探索研究。

张涛等[30-31]基于振型叠加法原理,建立土-箱-柔性材料集中质量模型,推导模型箱侧壁合理设置柔性材料参数的理论公式,并分析柔性材料的弹性模量、厚度、泊松比、密度、阻尼比变化对模型箱边界效应的影响。徐炳伟、姜忻良等[32]对模型箱的边界条件进行了针对性设计,并基于试验数据和模态呈现对边界效应进行定量分析。蔡隆文等[33]以地铁车站振动台试验为背景,借助有限元软件对钢土箱的厚度、刚度、内衬材料等参数在柔性边界、侧向滑动边界和固定边界中的边界效应影响进行了对比分析。程学磊等[34]分析模型箱的边界效应以验证试验土箱的合理性、有效性,测试仪器性能,并由此进一步确定模型地基有效工作区域。

3)振动台试验

地下结构抗震性能研究主要采用振动台试验方法。该方法可以再现以往的地震过程或者加载人工地震波,是研究结构动力特性、破坏机理、抗震措施最直接的途径。国内学者对单行隧道和洞门结构开展了较多的振动台试验,发现了一些隧道和围岩响应规律。

在隧道结构振动台试验研究领域,U. Cilingir 等[35]针对现有隧道结构地震动响应特性研究方法中假设条件过多的不足,开展了圆形和矩形隧道振动台模型试验,并输入不同峰值和频率特性的地震激励,以加速度和隧道周围围岩的动压力为分析指标进行研究;T. Sun、Z. Yue、B. Gao 等[36]针对平行隧道洞门部分开展振动台试验,研究发现,地震激励低频部分被放大,高频部分被削减;J. Chen 等[37]开展了一系列非均匀地震激励下的隧道结构振动台模型试验。

另外,李育枢[38]、徐华等[39]以国道 318 线黄草坪 2 号隧道为原型进行相关探索;邹炎等[40]通过振动台模型试验研究穿越不同土层隧道的地震动响应规律;刘聪等[41]针对立体交叉隧道结构地震动力响应特性及相互影响规律等问题,在三向 El-Centro 地震波作用下完成了 3 种地震烈度、6 个工况的交叉隧道振动台试验;任洋等[42]以汶川地震灾区典型隧道洞口边坡为例,通过大型离心振动台试验,研究隧道洞口段边坡在强震作用下的动力响应特征及规律;范凯祥等[43]以西部高烈度地震区浅埋公路隧道为依托,通过大型振动台模型试验,研究隧道穿越软硬围岩段在地震荷载作用下设置减震层的动力响应特性,并采用数值模拟方法对试验结果进行验证分析。

关于立体交叉隧道在不同地震激励下的动力响应特性,至今尚未取得实质性突破,相关研究更是鲜有见刊。在已有成果中,研究对象以公路隧道和城市地铁隧道为主,且以结构交叉工况居多;研究手段主要为理论分析和数值模拟。目前,还没有针对复杂艰险山区立体交叉隧道的大型振动台试验研究成果。

1.3 本书主要内容

1.3.1 典型山区立体交叉隧道工程技术研究

针对典型立体交叉隧道工程案例进行分析,通过地质分析和实际调查,总结各个工点地形地貌、地层岩性、主要工程地质问题、隧道设计状况和隧道净距,并重点对典型复杂艰险山区立体交叉隧道工程中存在的问题及施工难点进行分析,总结出复杂艰险山区立体交叉隧道设计及施工中的关键技术问题。

1.3.2 山区立体交叉隧道的振动台试验系统及制作方法

在充分掌握隧址区立体交叉隧道群的地理空间位置、地层岩性、地震动参数及隧道基本概况的基础上,详细地设计振动台试验方案,包括相似参数及相似比的确定、模型箱边界效应的处理、传感器选择及测点布置、加载方案的设计,提出用于山区立体交叉隧道的振动台设计方法,为同类型的模型试验设计提供参考。

1.3.3 地震荷载作用下山区立体交叉隧道群大型振动台试验研究

主要对山区立体交叉隧道群在地震荷载作用下的动力响应特性开展了大型振动台试验研究,重点选取具有典型代表性的斜交型(以草莓沟 1 号隧道上跨盘道岭隧道为依托)和正交型(以草莓沟 2 号隧道下穿盘道岭公路隧道为依托)立体交叉隧道的地震动力响应进行分析,通过峰值加速度及其频谱特性研究地震荷载作用下立体交叉隧道群的安全性。采用数值模拟方法,通过建立模型分析复杂艰险山区立体交叉隧道的地震动力响应特性,并通过监测典型测点,模型试验的合理性和有效性得到数值计算的验证。

1.3.4 地震荷载作用下坡体病害地段立体交叉隧道群大型振动台试验研究

主要对坡体病害地段立体交叉隧道群在地震荷载作用下的动力响应特性开展了大型振动台试验研究,重点选取具有典型代表性的正交型和平行型立体交叉隧道的地震动力响应进行分析,采用反应谱理论及小波分析工具,对山区立体隧道围岩变形阶段与频谱响应之间的关系进行探讨,并通过宏观试验现象揭示山区立体交叉隧道的地震变形破坏机理,为立体交叉隧道抗震设计与施工提供必要的理论参考。

第 2 章

山区立体交叉隧道工程概述

2.1 交叉隧道的分类及形式

相比于单孔及水平平行隧道,山区立体交叉隧道在设计理论和施工技术方面还不成熟。山区立体交叉隧道是一个多连通体,具有近距离穿越风险大、多效应耦合突出、环境效应往复叠加、变形和稳定性控制难度大等显著特点。立体交叉隧道中后建隧道的开挖,会引起既有隧道围岩及支护结构的应力调整和重分布,进而使得交叉段附近岩体和支护结构力学特性发生复杂变化,探索适合于立体交叉隧道的施工工艺成为首要问题;同时,我国因地震导致的隧道损伤及破坏非常严重,而隧道工程为线路的核心,发生地震通常会导致通往重灾区的交通线路全部中断,对第一时间的灾后救援造成极大的阻碍。以上特点导致山区立体交叉隧道的建造是非常困难和极其复杂的。

因此,本章针对典型山区立体交叉隧道工程案例进行分析,通过地质分析和实际调查,总结出各个工点地形地貌、地层岩性、主要工程地质问题、隧道设计状况和隧道净距,并重点对丹大快速铁路 DT2 标段隧道群存在的问题及施工难点进行分析,总结出山区立体交叉隧道设计及施工中的关键技术问题。

2.2 交叉隧道概述及典型案例

根据交叉隧道空间相对关系和结构相对关系,可将交叉隧道大体分为空间正交型、空间斜交型、空间平行型、结构分岔型、结构联络横通道型和结构风井型,如图 2-1 所示。前 3 种交叉隧道在结构上互不相连,只呈现空间上的交叉关系;后 3 种交叉隧道的结构是相互连接的。

近年来,随着我国高速铁路的迅猛发展,新建高速铁路隧道上跨或下穿既有铁路、公路、地铁和高速铁路隧道的交叉工程大量出现，典型交叉隧道如表 2-1 所示。

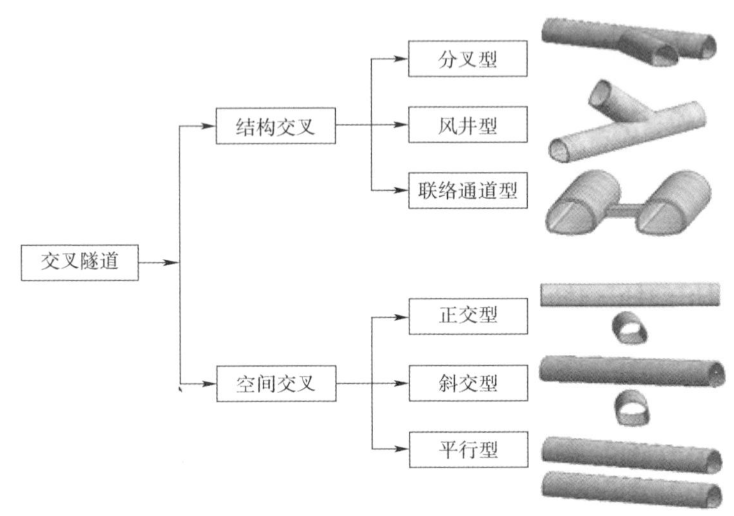

图 2-1　交叉隧道分类

交叉隧道的形式及净距　　表 2-1

名　　称	交 叉 类 型	最小净距(m)
渝利铁路火凤山隧道上跨渝怀铁路人和场隧道	铁路-铁路隧道	5.47
皖赣双线铁路与九景衢铁路隧道交叉	铁路-铁路隧道	4.50
重庆高速公路施家梁隧道上跨遂渝铁路新龙凤隧道	公路-铁路隧道	18.48
漳泉铁路瑞峰隧道下穿 324 国道公路隧道	公路-铁路隧道	3.24
温福铁路琯头岭隧道下穿温福高速公路琯头岭隧道	公路-铁路隧道	2.91
盘道岭隧道下穿丹大正线草莓沟 1 号隧道	公路-铁路隧道	4.24
盘道岭隧道下穿沈丹客运专线锦江山隧道	公路-铁路隧道	17.70
盘道岭隧道下穿既有丹汤公路盘道岭左右线隧道	公路-公路隧道	17.80
盘道岭隧道下穿锦江山左右线隧道	公路-公路隧道	24.01
草莓沟 1 号隧道下穿公路锦江山左右线隧道	公路-铁路隧道	10.23
草莓沟 2 号隧道下穿沈丹客运专线锦江山隧道	铁路-铁路隧道	16.50
草莓沟 2 号隧道下穿既有丹汤公路盘道岭左线隧道	公路-铁路隧道	7.47

由上表可以看出，我国隧道及地下工程建设发展迅猛，受土地利用程度、地下市政管线、地面建筑物、地上交通、已建地下工程等因素影响，立体交叉隧道的数量

将逐渐增多。然而,随之而来的问题是需要研究以下内容:施工力学行为、隧道交叉区段预加固技术、立体交叉隧道的爆破振动影响、立体交叉隧道监控量测技术及立体交叉隧道地震响应影响等。

本节主要以丹大快速铁路前阳至庄河 DT2 标段草莓沟 1 号隧道上跨盘道岭隧道以及草莓沟 2 号隧道下穿盘道岭公路隧道群为典型案例进行分析[44]。

2.2.1　草莓沟 1 号隧道

草莓沟 1 号隧道位于辽宁省丹东市草莓沟村,进口位于草莓沟村东,进口里程 DK248 +775;出口位于丹东市锦江山公园内,出口里程 DK251 +980,全长 3205m,为单洞双线隧道,洞身最大埋深约 105.33m,其中 DK248 +775 ~ DK249 +055、DK249 +875 ~ DK250 +212、DK251 +576 ~ DK251 +960 属于浅埋段。草莓沟 1 号隧道在 DK250 +891.1 处上跨盘道岭隧道(改 JDLDK1 +413.95),相交处轨面高差 14.1915m,结构净距 4.24m。

2.2.1.1　地形地貌

草莓沟 1 号隧道地势起伏较大,属丘陵地貌单元。山顶最大高程为 150m。

2.2.1.2　地质、水文及气象条件

1)地层岩性

隧道区的岩土层按成因分类主要有:第四系残坡积层(Q_4^{el+dl})及元古界震旦系大理岩。自上而下分别为:第四系残坡积层、强风化混合花岗岩、弱风化混合花岗岩。

2)水文地质

本隧道区域内地表水系不发育。在勘探深度内有少量第四系空隙潜水及基岩裂隙水,地下水对混凝土结构不具侵蚀性,主要靠大气降水补给。地下水受季节变化影响较大。

3)气象资料

隧道区地处温带季风性大陆气候区,区内四季分明,温差较大。春季多风少雨,夏季湿热高温,降雨集中,秋季凉爽,冬季寒冷干燥。多年平均降水量为 1019mm,降水量年际变化较大,年内降水主要集中在 6 ~9 月,占全年降水的 75%以上,多年平均蒸发量约为 1200mm,多年平均气温 8.5℃,极端最高气温 34.3℃(1956 年 8 月 2 日),极端最低气温 -28℃(1952 年 2 月 3 日)。该区常风向为 NE,频率为 12%;强风向为 N,最大风速 20m/s;次强风向为 NNE、NW、NNW,最大风

速为 18m/s。4 ~ 8 月以 S 向风为主,8 ~ 10 月份以 NE 向风为主,冬季则以 NW 向风为主,全年风力大于或等于 6 级的天数为 39.7d。

4)地震动参数

根据《中国地震动参数区划图》(2001 版),场区处于地震基本烈度Ⅶ度区,沿线地震动峰值加速度为 0.15g,地震动反应谱特征周期为 0.35s。

5)土壤最大冻结深度

隧道区土壤最大冻结深度为 1.2m。

2.2.2 盘道岭隧道

盘道岭隧道位于辽宁省丹东市振兴区,进口里程为 JDLDK0 + 355,位于锦江山东侧;出口里程为 JDLDK5 + 225,位于山城一组南侧。全长 4870m,为单线隧道,隧道埋深 17.5 ~ 106.5m。隧道在 JDLDK1 + 403 处下穿盘道岭公路隧道。

2.2.2.1 地形地貌

盘道岭隧道地势起伏较大,属丘陵地貌单元。山顶最大高程为 134m。

2.2.2.2 地质,水文及气象条件

1)地层岩性

隧道区的岩土层按成因分类主要有:第四系坡积层(Q_4^{el+dl})及元古震旦系混合花岗岩。自上而下分别为:第四系全新统坡积层、强风化混合花岗岩、弱风化混合花岗岩。

2)水文地质

本隧道区域内地表水系不发育。在勘探深度内有少量第四系空隙潜水及基岩裂隙水,地下水对混凝土结构不具侵蚀性,主要靠大气降水补给。

3)气象资料

隧道区地处温带季风性大陆气候区,区内四季分明,温差较大。春季多风少雨,夏季湿热高温,降雨集中,秋季凉爽,冬季寒冷干燥。多年平均降水量为 1019mm,降水量年际变化较大,年内降水主要集中在 6 ~ 9 月,占全年降水的 75% 以上,多年平均蒸发量约为 1200mm,多年平均气温 8.5℃,极端最高气温 34.3℃(1956 年 8 月 2 日),极端最低气温 -28℃(1952 年 2 月 3 日)。该区常风向为 NE,频率为 12%;强风向为 N,最大风速 20m/s;次强风向为 NNE、NW、NNW,最大风速为 18m/s。4 ~ 8 月以 S 向风为主,8 ~ 10 月份以 NE 向风为主,冬季则以 NW 向风为主,全年风力大于或等于 6 级的天数为 39.7d。

4)地震动参数

根据《中国地震动参数区划图》(2001 版),场区处于地震基本烈度Ⅶ度区,沿线地震动峰值加速度为 0.15g,地震动反应谱特征周期为 0.35s。

5)土壤最大冻结深度

隧道区土壤最大冻结深度为 1.2m。

2.2.3　草莓沟 2 号隧道

草莓沟 2 号隧道进口位于草莓沟村东,进口里程 TJLDK154 +965;出口位于山城一组南侧,出口里程 TJLDK159 +227。全长 4262m,为单洞双线隧道,隧道埋深 20 ~150m。隧道在 TJLDK158 +161 处下穿盘道岭公路隧道,结构净距为 7.47m,公路隧道路面高程 45.53m,轨面与公路路面高差为 16.06m。

2.2.3.1　地形地貌

草莓沟 2 号隧道地势起伏较大,属丘陵地貌单元。山顶最大高程为 154m。

2.2.3.2　地质,水文及气象条件

1)地层岩性

隧道区的岩土层按其成因分类主要有:第四系残坡积层(Q_4^{el+dl})及混合花岗岩。自上而下分别为:第四系残坡积层、全风化混合花岗岩、强风化混合花岗岩、弱风化混合花岗岩。隧道在 TJLDK158 +161 处下穿盘道岭公路隧道,此处围岩等级为Ⅴ级。

2)水文地质

隧道区内地表水系不发育,有少量季节性溪流和山涧,仅在雨期有短暂性水流,常年处于干涸状态。该隧道在勘探深度内有少量第四系孔隙潜水及沟谷处基岩裂隙水,水位埋深 1.8 ~4.7m。地下水季节性变化幅度为 0.3 ~3m。枯水期有少量基岩裂隙水流出,丰水期局部水量较大,主要靠大气降水补给。经对勘探孔进行提水试验及综合评价后,隧道洞身范围围岩的渗透系数推荐值为 0.005m/d。经取水化验分析,地下水对混凝土结构不具侵蚀性。

3)气象资料

隧道区地处温带季风性大陆气候区,区内四季分明,温差较大。春季多风少雨,夏季湿热高温、降雨集中,秋季凉爽,冬季寒冷干燥。多年平均降水量为 939.90mm,降水量年际变化较大。年内降水主要集中在 6 ~9 月,占全年降水的 75% 以上。多年平均蒸发量约为 1356.2mm。多年平均气温 9.46℃,极端最高气温 32.9℃,极端

最低气温 -25℃。该区主导风向为 NNW。

4)地震动参数

根据《中国地震动参数区划图》(2021 版),场区处于地震基本烈度Ⅶ度区,沿线地震动峰值加速度为 0.15g,地震动反应谱特征周期为 0.35s。

5)土壤最大冻结深度

隧道区土壤最大冻结深度为 1.2m。

2.2.4 交叉段围岩地质状态分析

为查明丹大快速铁路近接隧道交叉段围岩的基本地质结构、地层岩性,需要对交叉段进行工程地质勘探和岩石室内试验,为丹大快速铁路近接隧道交叉段开挖、支护、地质灾害预警等提供设计参数和安全施工保障。为有效地使用勘探手段指导施工,保证工程质量,需要尽可能地获取更多详细准确的地质资料,了解地下地质变化。

工程地质勘探中应用较为广泛的是地球物理方法,其中地质雷达法、瞬变电磁法、直流电测探法应用最多。然而任何一种方法都有其局限性,若单独使用,只能获得所需范围内的某一或某几个方面的地质信息,而不能得到整个范围内的全部详细勘探信息。因此,为更好地了解交叉段地质信息,减少施工开挖中可能存在的隐患和灾害,提出了快速铁路近接隧道交叉段综合地质勘探方法。综合地质勘探方法是将多种勘探方法相结合的一种综合性方法,它充分利用了物探、地质素描、钻探等方法的优点。快速铁路近接隧道交叉段综合地质勘探方法具体包括:地质素描及资料整理、超前钻孔探测和 TRT6000 超前地质探测仪探测。

2.2.4.1 地质素描及资料整理

对交叉段 50m 影响范围每 5m 进行一次掌子面地质素描,记录围岩情况,掌握交叉段所在工程区内宏观的地质环境、岩体的结构特征、地下水状态及其所处的具体构造部位等,通过地质填图,得到地质图、地质剖面图、地层柱状图等,为下一阶段的隧道开挖和支护提供重要的设计、施工依据。同时将实地掌子面素描与设计图纸中的地质勘查资料进行对照,以便及时掌握围岩变化情况,为以后的开挖工作提供便利。

2.2.4.2 超前钻孔探测

利用凿岩台车在隧道开挖工作面钻取长 1m、直径 42mm 的小孔径浅孔,钻取掌子面后的岩石样本,从而获取掌子面前方超前地质信息。

2.2.4.3　TRT6000 超前地质探测仪探测

交叉段开挖进尺前采用 TRT6000 超前地质探测仪对隧道群交叉段影响范围内地质情况进行预报(预报范围可达 150m)。

1)草莓沟 1 号隧道 DK250 + 865 ~ DK250 + 915 交叉段综合勘探结果分析

采集 TRT6000 超前地质探测仪数据并用配套软件处理数据,得到的全息图如图 2-2 所示。

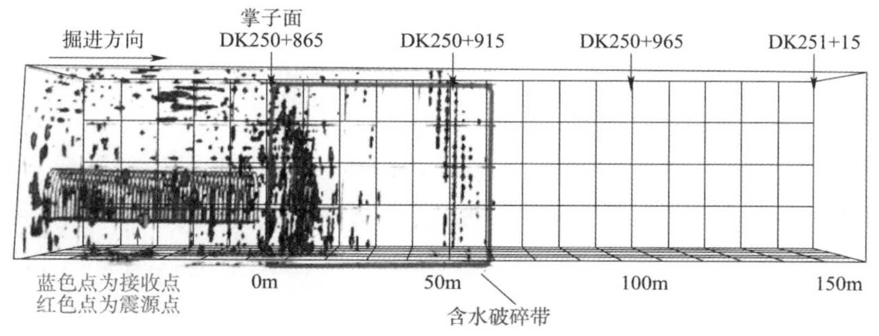

图 2-2　草莓沟 1 号隧道 50m 交叉段层析反射成像全息图

注:每小格代表 10m

以 TRT6000 超前地质探测仪探测到的全息图对预报结果进行解释,预报结果如下:DK250 + 865 ~ DK250 + 885 段为Ⅴ级围岩,岩石主要为混合花岗岩,岩体破碎,节理裂隙发育,基岩裂隙水丰富,未发现大型不良地质构造;DK250 + 885 ~ DK250 + 915 交叉影响段为Ⅳ级围岩,该段主要为混合花岗岩,岩体较破碎并存在少量节理裂隙,岩体内含有少量裂隙水,未发现大型不良地质构造。

根据上述预报结果,DK250 + 865 ~ DK250 + 885 段为地质异常段,在交叉段开挖时应做好防排水工作,遵循短进尺、弱爆破的原则,并在开挖前后对围岩空洞和围岩裂隙进行注浆填充,开挖后及时加密格栅钢架进行支护,同时加强监护,保证隧道施工安全。

2)草莓沟 2 号隧道 TJLDK158 + 181 ~ TJLDK158 + 141 交叉段综合勘探结果分析

采集 TRT6000 超前地质探测仪数据并通过配套软件对数据进行处理,得到的全息图如图 2-3 所示。

以 TRT6000 超前地质探测仪获得的全息图对预报结果进行解释,预报结果如下:TJLDK158 + 181 ~ TJLDK158 + 161 段为Ⅴ级围岩,岩石主要为混合花岗岩,岩体破碎,节理裂隙发育,基岩裂隙水丰富,极易掉块塌方;TJLDK158 + 161 ~ TJLDK158 + 141 交叉影响段为Ⅳ级围岩,该段主要为混合花岗岩,洞身为弱风化混合岩,岩体呈块状、碎块状,岩体内含有少量裂隙水,未发现大型不良地质构造。

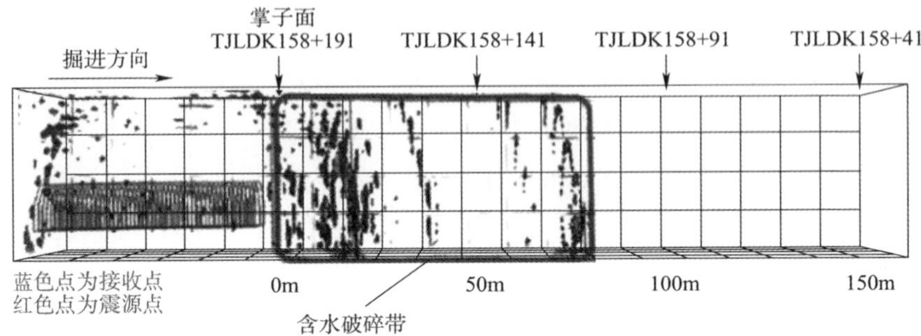

图 2-3　草莓沟 2 号隧道 40m 交叉段层析反射成像全息图

注:每小格代表 10m

根据上述预报结果,TJLDK158 + 181 ~ TJLDK158 + 161 段为地质异常段,在交叉段开挖时应做好防排水工作,遵循短进尺、弱爆破的原则,并在开挖前后对围岩空洞和围岩裂隙进行注浆填充,开挖后及时加密格栅钢架进行支护,同时加强监护,保证隧道施工安全。

2.2.5　在 Infraworks 中的隧道立体交叉三维展示

在 Infraworks 中创建工程三维地理信息模型,并根据隧道控制点坐标及线路中线创建隧道模型,三维展示草莓沟 1 号、2 号隧道与盘道岭隧道、盘道岭公路隧道的协同位置关系,如图 2-4 及图 2-5 所示。

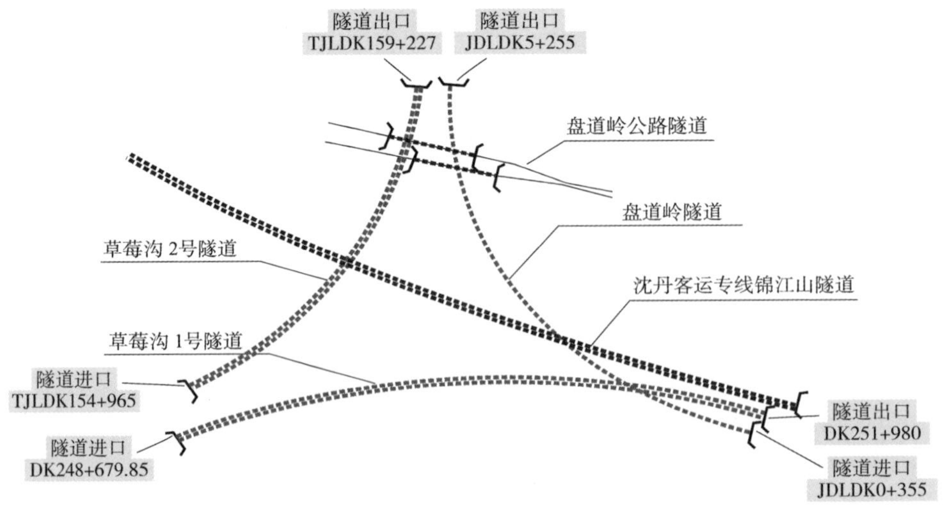

图 2-4　立体交叉隧道三维线性位置关系

图 2-5　三维地理信息模型

盘道岭隧道在 TJLDK1 +403.35 处下穿草莓沟 1 号(DK250 +855 ~ DK250 +910)隧道,轨面高差为 14.098m,结构净距 4.24m,见图 2-6。

图 2-6　草莓沟 1 号隧道与盘道岭隧道净距关系

草莓沟 2 号隧道在 TJLDK158 +161 处下穿盘道岭公路隧道,轨面到路面高差为 15.93m,结构净距 7.47m,见图 2-7。

图 2-7　草莓沟 2 号隧道与盘道岭公路隧道净距关系

2.2.6 交叉段岩石力学参数试验分析

对隧道交叉段岩石进行取样和室内试验,获得岩石的抗拉强度、抗压强度、剪切模量等。在 MTS815 岩石力学试验系统(图 2-8)上进行交叉段围岩的岩石三轴压缩试验。该试验系统配备轴压、围压的闭环伺服控制系统,具备荷载、冲程和应变共 3 种控制方式,具有自动化程度高、试验精度高和数据处理快捷等优点,是较为理想的岩石力学试验设备。

图 2-8 岩石三轴试验系统

试验所用岩块取自草莓沟 1 号隧道 DK250 + 875 ~ DK250 + 915 段以及草莓沟 2 号隧道 TJLDK158 + 141 ~ TJLDK158 + 181 段围岩,属于花岗岩及混合花岗岩,呈灰白色,质地均匀。按照国际岩石力学学会建议方法和岩石力学试验规范,从现场采集未风化、未受过大振动的花岗岩岩块,加工成直径为 50mm、高度为 100mm 的圆柱体标准岩样,如图 2-9 所示。

图 2-9 岩样

试验中,对花岗岩岩样施加轴向力至 500N,施加围压至试验设定值并保持不变，以等加载速率的方式施加轴向位移直至试验结束。岩样极限变形值设定为 3mm，试验加载的轴向应变率设置为 $1.5\times10s^{-1}$，岩样的围压值分别设置为 0MPa、2MPa、5MPa 和 10MPa。在整个试验过程中，由计算机每隔 0.5s 自动采集一组数据，每组试验数据包括轴向应力 σ_1、轴向应变 ε_1、环向应变 ε_3 及围压 σ_3 等。通过对数十个花岗岩岩石岩样进行反复加载试验，得到了有代表性的岩石三轴压缩试验全应力-应变试验曲线，如图 2-10 所示。

从图 2-10 可以看出，岩样在单轴或三轴围压较小的条件下，受压经过弹性变形后达到峰值强度；随着轴向变形量继续增加，强度迅速降低，强度下降的速度较快；当降低到较低强度后，其强度基本稳定，而轴向变形仍然在扩展，维持残余强度不变。通过试验可知，围压对花岗岩岩样在峰值后应变软化阶段和强度残余阶段的应力状态有较大的影响，围压减小过程中，岩样的峰值强度也有所降低；随着围压继续增大，应力-应变曲线从脆性破坏逐渐转为延性破坏，岩样的非线性应变软化过程逐渐减弱，并且峰值强度与残余强度之间的应力差也逐渐减小，逐渐表现出理想塑性特征。

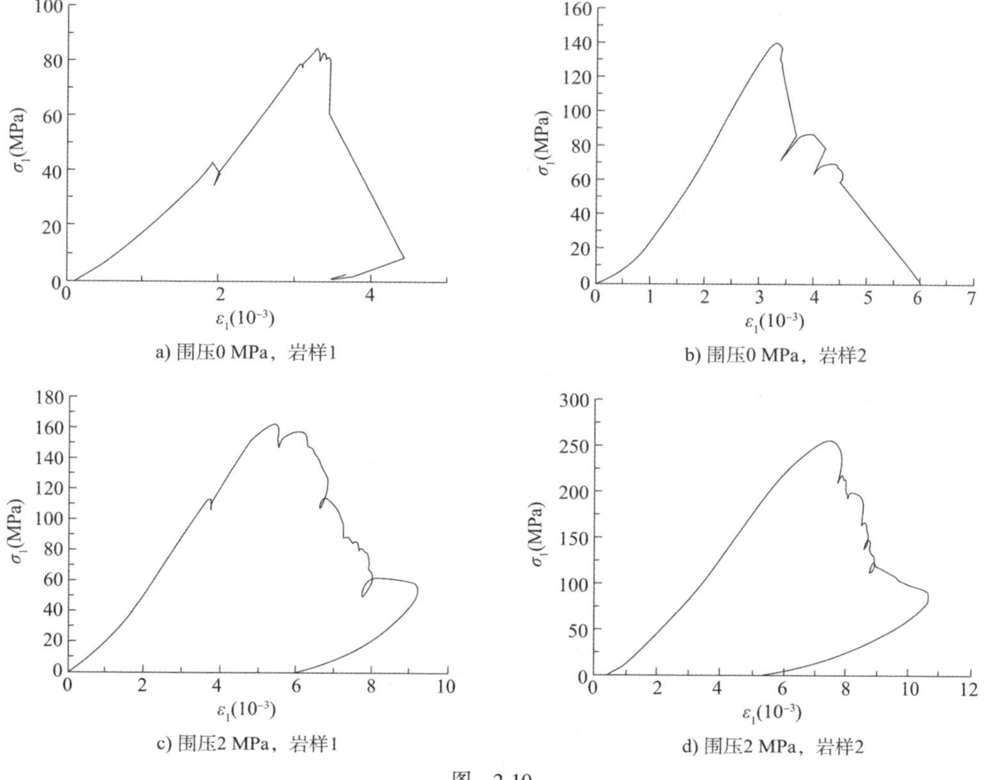

图　2-10

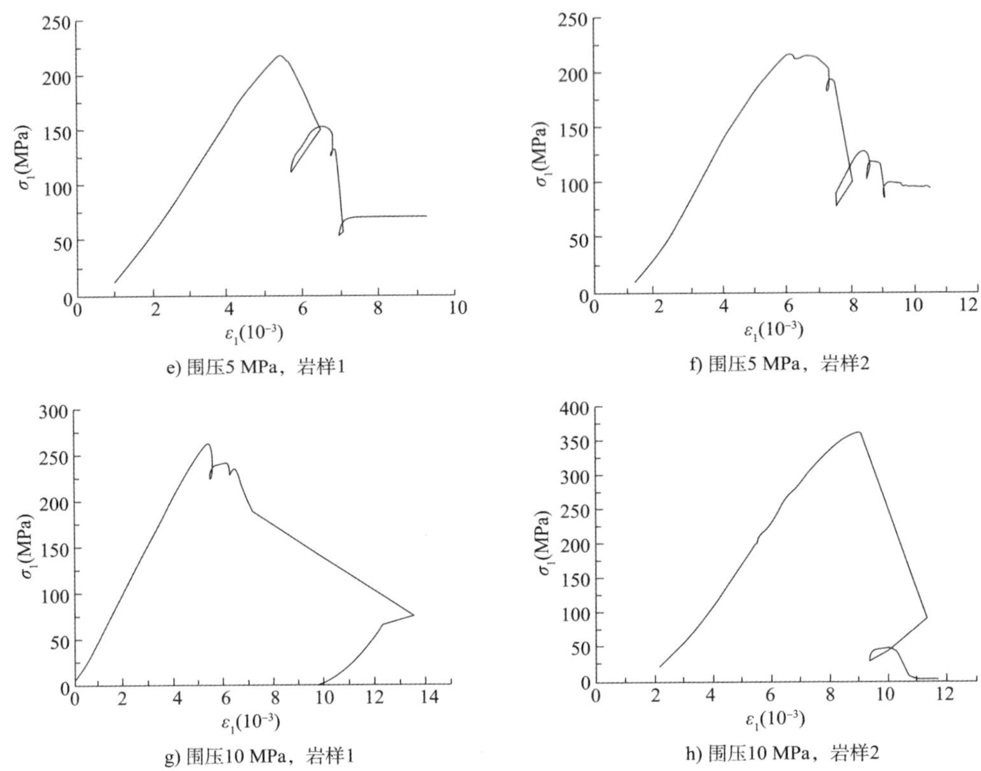

图 2-10 岩样在不同围压下全应力-应变曲线

大量工程实践表明,对于隧道软弱破碎围岩支护工程来讲,隧道围岩所受到的围压一般远远低于岩石由脆性转化为延性的临界围压。由于岩石具有应变软化特性,即岩石在达到峰值强度以后并不完全丧失承载能力,这使岩石在峰值强度后的行为表现更加复杂,也使得可以进一步降低隧道支护结构维护标准,所以认识岩石应变软化特性有利于降低隧道交叉段工程成本,对隧道围岩在卸载过程中的应变软化特性进行试验研究十分必要。岩样在不同围压作用下的破坏特征如图 2-11 所示。

图 2-12 为简化岩石的应力-应变曲线,通过该简化曲线可以获得峰值主应力曲线和残余主应力曲线。从图中还可以看出,在应力-应变曲线达到峰值之前,花岗岩岩样处于弹塑性阶段,随着围压的增大,呈现应变硬化的特性。为了便于分析岩石达到峰值后应变软化特性,将应变硬化阶段简化为弹性段的外延,即认为岩石在峰值前处于弹性变形状态,其弹性常数可以利用峰值应力点的割线模量来表示。经过计算,得出该混合花岗岩岩样的弹性模量 $E = 5.9\text{GPa}$,泊松比 $v = 0.25$。

a) 0MPa

b) 2MPa

c) 5MPa

d) 10MPa

图 2-11　不同围压下岩样破坏特征

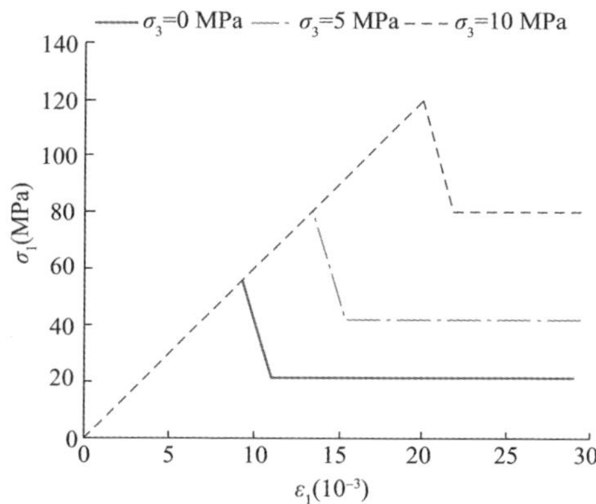

图 2-12　简化的岩石应力-应变曲线

通过软弱围岩的常规三轴压缩试验,得出了不同围压下岩石全应力-应变关系曲线,通过试验及理论分析所获得的围岩力学参数如表 2-2 所示。

围岩力学参数　　表 2-2

弹性模量(GPa)	泊松比	峰值强度		残余强度	
		内聚力(MPa)	内摩擦角(°)	内聚力(MPa)	内摩擦角(°)
5.9	0.25	3.2	45	1.9	34

2.3　净间距对交叉隧道围岩安全系数的影响

在岩土工程中定义的安全系数主要有强度储备安全系数和超载储备安全系数两种。对于交叉隧道工程而言,致使围岩结构破坏的主要原因是新建隧道开挖造成原有隧道围岩周边应力场变化，使其强度降低而引起围岩失稳破坏，因此，在交叉隧道工程中采用强度储备安全系数（即强度折减安全系数）较为合适。

使用Mohr-Coulomb准则计算安全系数的公式为：

$$\omega = \frac{s}{\tau} = \frac{\int_0^l (\sigma \tan\varphi + c)\mathrm{d}l}{\int_0^l \tau \mathrm{d}l} \tag{2-1}$$

式中：ω——传统强度安全系数；

s——破坏面上的抗剪强度；

τ——破坏面上的实际剪切力；

σ——围岩应力；

φ——围岩内摩擦角；

c——围岩黏聚力；

l——围岩尺寸。

将式(2-1)两边同除以ω，可得：

$$1 = \frac{\int_0^l \left(\frac{\tan\varphi}{\omega}\sigma + \frac{c}{\omega}\right)\mathrm{d}l}{\int_0^l \tau \mathrm{d}l} = \frac{\int_0^l (\sigma \tan\varphi' + c')\mathrm{d}l}{\int_0^l \tau \mathrm{d}l} \tag{2-2}$$

式(2-2)左边为1，即表示当围岩强度折减ω时，其达到极限稳定状态。

由式(2-2)可知，传统极限平衡方法将岩土体的抗剪强度指标c和$\tan\varphi$减小为c/ω和$\tan\varphi/\omega$，从而使其达到极限稳定状态，此处的ω即为交叉段围岩安全系数。以隧道埋深80m为例，研究不同隧道净间距（$H=2$m、5m、10m、15m、20m、30m）对围岩安全系数的影响。根据强度折减法基本原理可知，当内摩擦角φ的正切值及黏聚力c成倍变化时，安全系数计算值也将成倍变化，例如当$\tan\varphi$增大至$\tan\varphi' = n \times \tan\varphi$，$c$增大至$c' = n \times c$，则可得安全系数计算值$\omega' = n \times \omega$；并定义了不同净间距情况下的相对安全系数，计算公式如下：

$$\omega_0 = \frac{\omega}{\omega_{H=2}} \tag{2-3}$$

式中：ω_0——相对安全系数；

$\omega_{H=2}$——隧道净间距$H=2$m情况下求得的安全系数。

根据式(2-3)计算得到不同净间距时的围岩安全系数，见表2-3。

围岩力学参数　　表 2-3

净间距(m)	安全系数 ω	相对安全系数 ω_0	安全系数变化率
2	0.77	1.00	0.02
5	0.89	1.15	0.04
10	1.14	1.48	0.05
15	1.34	1.74	0.04
20	1.44	1.87	0.02
30	1.64	2.13	0.02

注:安全系数变化率是指隧道净间距每增加 1m,安全系数的增量。

根据对表 2-3 中数据的分析可得:对于两交叉小净间距隧道,净间距值在从 2m 开始不断增大的过程中,隧道围岩的稳定性不断提高,且在净间距较小时稳定性提高的效果更为显著。当净间距增大至 10m 后,围岩稳定性提高效果就会随着净间距值的继续增大而变得越来越不明显。

2.4　立体交叉隧道建设所存在的主要问题

2.4.1　施工力学行为

立体交叉隧道中后建隧道的开挖,引起既有隧道围岩及支护结构的应力调整和重分布,进而使得交叉段附近岩体和支护结构力学特性发生复杂变化。准确描述和定量分析这一变化,是交叉隧道合理设计和安全施工的首要问题[45]。

荷载-结构法和地层-结构法为隧道工程中最为常用的计算方法。荷载-结构法是长期以来工程界的主导方法,但它将围岩和支护结构截然割裂开来,无法真正描述施工中围岩力学效应;地层-结构法主要基于近代连续介质力学理论、计算机技术以及各种数值模拟方法,如有限元法(FEM)、有限差分法(FLAC)、离散元法(DEM)、边界元法(BEM)、流形元法(MEM)以及无单元法(EFM)等,在科学研究和工程应用方面发挥着重要作用,国内外学者应用理论和数值模拟的方法在交叉隧道研究方面做了大量的工作[46]。

余先知等[47]、陆涛[48]及 Liu 等[49]对小净距立体交叉地铁隧道的施工工序进行理论分析及数值仿真研究,通过对不同施工情况下隧道结构稳定性的计算模拟,指出新建隧道上跨施工时,所产生的附加应力主要集中于隧道交叉段的原有隧道区域,此外探讨了盾构推进距离、净空距离、节点刚度等因素对既有隧道受力性能的影响。

王晓杰等[50]及贾宝新等[51]都通过数值分析对隧道空间近接施工进行模拟，并对不同情况下交叉隧道安全性和稳定性进行评价，对施工提出相关建议。

康立鹏等[52]通过正交试验设计16种工况，对影响交叉隧道施工的因素进行研究，表明影响因素按影响的大小排序，依次为围岩的软弱条件、交叉角度及净距的大小，且选取实例通过计算证明了研究结果的有效性。

Lin等[53]设计并开展盾构穿越两条既有隧道的模型试验，通过测量地表沉降、作用在既有隧道上的法向压力和环向应变，表明在隧道掘进过程中，蹄形隧道和矩形隧道右侧壁正上方的地表分别产生两个塌陷坑；通过对既有隧道地表沉降和土压力的实测，揭示既有隧道周围围岩的坍塌机理及隧道的变形特征。

综上分析可见，就隧道施工力学的研究而言，目前主要针对初期支护，对不同岩体评分、不同交叉方式、应力场、隧道埋深与岩石强度等参数条件下隧道交叉段应力变化情况进行研究，但现有研究结果大部分是基于隧道设计参数进行的，重点是分析交叉隧道围岩的薄弱位置，并以此确定结构的设计参数，较少涉及隧道施工方法之间的对比，对交叉部位施工参数的优化也相对不足，施工指导性不够强。此外，现有研究大部分是采用理论分析和数值计算的方法进行的，研究结果缺乏现场资料的佐证。

2.4.2 隧道交叉区段预加固技术

交叉区段的存在，增大了开挖跨度或高度，使得交叉段围岩松动范围较常规的单洞隧道大大增加。同时，因多次施工扰动，围岩损伤加剧，强度降低，结构及围岩的整体稳定性势必降低。因此，实际设计施工过程中，往往需要对交叉段围岩进行预加固处理，以确保结构安全和围岩稳定。由此可见，合理和有针对性的预加固措施也是立体交叉隧道设计施工的关键技术问题之一。

许多学者对交叉隧道的预加固技术措施进行了较为系统的研究。根据作用对象（既有结构、新建结构和中间地层），可分为既有结构对策、新建结构对策和中间地层对策共3类：

①既有结构对策：对既有隧道或工程采取加强措施。该对策的种类有基本对策、增加衬砌承载力的加强对策及以修复衬砌开裂等的维修对策。基本对策包括：回填压浆和防止衬砌掉块措施，如设金属网、挡板、压注砂浆和树脂等。加强对策包括：拱架加强、内衬加强、锚固加强、横撑加强、托换基础和改建等。维修对策包括：剥离可能掉落的浮块、表面清扫、整理排水沟、防止漏水等。

②新建结构对策：对于新建隧道开挖，应着眼于控制开挖引起的围岩应力重分布及位移，具体措施有加强超前支护（如采用超前管棚、锚杆和注浆加固等）、改变开挖方式（如采用跳槽开挖、预留核心土）、改变分部尺寸及步序（如采用中隔壁法、交叉中隔壁法、双侧壁导坑法或更多的分部开挖方法）、改变衬砌/支护的结构（如增加锚杆长度和密度、加密拱架和加大截面高度、加厚衬砌、提高混凝土强度等级等）。

③中间地层对策：对既有工程和新建工程间的围岩采取加固措施。预测近接施工有不良影响且隧道的防护、近接工程侧的对策不充分时，为减轻、消除影响，应对中间地层采取相应对策。一般采取强化、改良地层的方法，如压浆法、冻结法等，也可采取隔断影响的方法（如管棚等）。

上述对策不能截然分开，如加固改良地层，可能既属于新建结构对策，又可能属于中间地层对策，甚至可能属于既有结构对策。

根据受力时效，可将对策分为临时对策和永久对策。临时对策只针对近接施工中的临时荷载而设，永久对策可针对临时荷载和永久的残留荷载而设置。实际的近接施工中，在采取对策措施时一般选择以上一种或几种组合的手段。

在隧道预加固技术研究方面，国内进行了大量研究并提出了诸多措施。但这些措施都是针对普通隧道结构的，交叉隧道工程的施工基本考虑小间距并行结构，而并行结构中隧道之间主要受围岩-结构之间的边界条件所约束，没有考虑围岩自重应力场对隧道结构的影响，许多研究结果无法直接用于交叉隧道工程中。

2.4.3　立体交叉隧道的爆破振动影响

当前主流的隧道开挖方法是钻爆法。相对于单洞隧道的爆破开挖，立体交叉隧道工程因既有隧道的存在而具有特殊性：一方面，要保证爆破开挖不会损害既有隧道的支护体系；另一方面，要考虑多次扰动后围岩自身的稳定性。因此，交叉隧道工程中，爆破振动的影响也应是设计和施工重点考虑的因素之一。

在采用钻爆法施工的近接隧道工程中，要求在新建隧道邻近既有隧道施工时，除了要保证新建隧道的工程质量和进度外，还必须减少或消除对既有隧道的影响，确保施工区人员和既有隧道的安全。目前，针对各种地下工程近接施工的爆破影响已有一定的个案研究。

Lai 等[54]建立爆破振动监测系统和无线传感器网远程数据采集系统，通过监测新建隧道爆破对已有隧道的影响，表明两隧道穿越前后混凝土应变有较大差异，且既有隧道边墙处靠近爆源方向的峰值质点速度较高。

曹明星等[55]及 Zhao 等[56]通过现场试验和数值模拟对已有隧道的爆破响应

进行研究,并采用不同指标对新隧道施工爆破影响进行评价。

Xia 等[57]建立了现场工程的三维数值模型并结合地面爆破现场监测试验评价地铁隧道开挖爆破振动作用下引水管道的安全性,并对管道在无压充水状态和0.2MPa 压力充水状态(正常工作状态)下的安全性进行进一步的评价。

在此研究基础上,朱正国等[58]通过数值模拟,对不同围岩等级及净间距等多种因素影响下立体交叉隧道中由于新建隧道爆破而对原有隧道所产生的各影响因素进行了划分。

总之,在采用钻爆法施工的交叉隧道工程中,要求在新建隧道临近既有隧道施工时,除了保证新建隧道的工程质量和进度外,还必须减少或消除对既有隧道的影响、确保施工区周围人员和既有隧道的安全。当前主要采用以下两种研究方法:采用 ANSYS 软件对既有隧道受邻近隧道爆破振动影响进行研究;采用现场监测的手段分析施工爆破振动对既有临近隧道结构及围岩的影响。但隧道爆破振动非线性特性显著,主要表现为振动的方向效应和不同部位振动效应的不均匀性等,单一的数值计算或监测等手段无法全面地研究隧道爆破振动问题。

2.4.4 立体交叉隧道监控量测技术

作为新奥法隧道施工理念三大核心之一的监控量测,已得到了广泛的应用,其理论体系和设备技术均取得了长足的发展。但立体交叉隧道工程对监控量测技术的要求更高,主要反映在如何利用既有隧道的地质和变形等资料提前预判新建隧道的稳定性及其控制标准,将两个独立的隧道监控量测体系相互联系、有机结合,从而有效地指导新建隧道的施工,这也是当前亟须加强研究的技术问题。

现场监控量测是新奥法设计与施工必不可少的手段,它对掌握围岩和支护在施工中的动态稳定、确保施工安全起着至关重要的作用。对立体交叉隧道进行监控量测,掌握围岩应力和变形在施工中的动态变化及隧道结构的受力特征是非常重要的,也可为以后的同类结构隧道积累数据及经验。

Fang 等[59]采用叠加法对现有隧道和与新隧道施工相关的地表沉降进行系统监测,现有隧道和地表剖面的沉降表现出不同的形状,现有隧道的剖面沉降呈“W”形,而地面沉降的剖面显示为“U”形,拟合曲线同既有隧道及地表沉降实测数据吻合良好。

陈卫忠等[60]及于建新等[61]通过数值模拟及现场监测量测等综合方法,以公路隧道上跨穿越供水隧洞工程为背景,深入研究传感器与监测断面的选择及布置,对供水隧洞的水平收敛及混凝土应变等数据进行实测及分析,以此实现对交叉隧道施工及运营段进行实时监控量测。

孟庆一等[62]应用多种手段(包括雷达、激光检测等技术),对新建隧道开挖对原有隧道造成的病害及原因进行全面检测及分析,结果表明原有隧道的拱顶及拱脚是破坏最严重的部位。

Jin 等[63]利用 ABAQUS 对垂直排列的不同间距的立体交叉隧道进行连续三维数值模拟分析,对地表沉降、衬砌内力和弯矩、隧道收敛等监测项目进行最不利情况模拟,为交叉隧道的设计和施工提供参考。

Li 等[64]通过自动高性能全站仪测量系统,连续监测现有隧道受下穿隧道开挖的影响,实现对不同下穿阶段下穿隧道引起的既有隧道位移进行实测及评价,并对类似工程建立了指导标准。

2.4.5　立体交叉隧道地震响应影响

在地震荷载作用下,立体交叉隧道结构在同一时刻往往受到入射、反射、绕射等多种地震波的激振,相互之间影响大;再加上其对地震的敏感性强,容易成为整条线路的抗震薄弱环节,一旦出现破坏将会产生严重后果。因此,需要深入研究地震激励作用下立体交叉隧道的动力响应特性,这对正确指导震区山区立体交叉隧道的设计、施工和运营维护具有重要的现实意义。

近几年,由于世界范围内隧道震害案例增多,再加上高速客运专线迅速发展,山区立体交叉隧道地震动力响应特性引起了国内外学者的高度关注。但是,对该领域的研究仍处于初步探索阶段,尚未形成系统、成熟的理论体系,无法为山区立体交叉隧道抗震设计和震害处理提供可靠的参考依据。在探索过程中发现,其中存在的主要问题有以下 3 点:

①目前国内外学者对于山区立体交叉隧道的研究多集中于力学特性分布、加固技术及监控量测等静力学方面,对于地震荷载作用下立体交叉隧道结构动力响应的研究还较为滞后。

②对于立体交叉隧道的地震动力响应研究手段以理论分析及数值模拟为主,针对立体交叉隧道开展的大型振动台试验较少,而已开展的少量试验也主要集中于地铁盾构交叉隧道结构,尚未对山区立体交叉隧道开展研究。

③目前对于立体交叉隧道动力学中地震波频谱特性的研究几乎为空白,且立体交叉隧道的抗震及防护等也缺乏相应的规范。

山区立体交叉隧道结构在地震荷载作用下会受到多种地震荷载效应的作用,导致其产生的地震惯性力较大;另外由于围岩之间的相互影响较大,山区立体交叉隧道可能成为全线最为薄弱的区段,若发生地震破坏,将会造成严重的后果。在我国大面积国土断层发育、地震活动频繁的地质背景下,山区立体交叉隧道的震害问题不可忽视,对山区立体交叉隧道地震响应及其破坏变形特性的研究成为当下最为主要的难题之一。

2.5 立体交叉隧道地震响应初探

为了对山区立体交叉隧道的地震动力响应进行初步探索分析,建立三维模型开展数值计算。通过数值分析模拟隧道的地震反应,将结果与模型试验和现场试验的结果进行比较,这是隧道工程中最常用的地震反应研究方法之一。本节采用基于有限差分理论的 FLAC 3D 软件对山区立体交叉隧道的地震动力响应进行初步分析,监测典型测点,对数值模拟结果进行分析,旨在为地震频发区域的立体交叉隧道抗震设计提供参考。

2.5.1 动力分析理论

2.5.1.1 有限差分法

岩土结构工程中的数值解析需要满足“三个基本方程”和“一个条件”,“三个基本方程”为平衡方程、几何方程及本构方程,“一个条件”为边界条件。通过将方程和所设定的边界转化为其他可以求解的方程(代数方程),将场变量用代数表达式代替[65]。由于位移及应力等变量无法明确,将微分问题变为更易得出结果的代数问题,将大大节省求解时间。差分法属于近似数值解法。

由于山区立体交叉隧道在地震荷载作用下的受力特性较为复杂,对于应力-应变关系的简化会使得程序计算效率大大提升,同时又能满足相关计算要求。本次计算过程中,围岩材料为混合风化程度的花岗岩,因此选取弹塑性模型来表述,隧道的衬砌结构(初期支护及二次衬砌)选取线弹性模型,材料的屈服准则(破坏准则)采用 Mohr-Coulomb 准则。

2.5.1.2 动力有限差分法

在使用 FLAC 3D 进行动力响应分析时,需要考虑以下几个方面的问题:

1)网格划分

在动态分析过程中,地震波在传播过程中可能受到频率及波速特性的影响,会导致地震波失真或存在噪声信号。Lysmer 和 Kuhlemeyer 的研究结果表明模型单元网格 Δl 与地震波波长 λ(最短波长满足 $\lambda = c/f$,其中 c 为波速,f 为频率)需要满足以下关系[66]：

$$\Delta l \leqslant \left(\frac{1}{10} \sim \frac{1}{8}\right)\lambda \tag{2-4}$$

由上述关系可以看出,网格划分尺寸实际与地震波传播过程中的波速和频率有关,频率越高,划分的网格越小。为了提高程序的效率,在最大满足计算精度的情况下往往设置较大的网格。

2)动力边界条件设置

在对无限介质的有限动力模型进行计算分析时,由于在土-结构体系中地基是没有界限的,所以需要对模型设置一定的边界条件。采用 FLAC 3D 软件提供的黏弹性边界和自由场边界,以减小边界效应影响,提高计算精度。一般通过在模型底部设置阻尼来模拟黏弹性边界,其可以提供法向黏性力 t_{n} 及切向黏性力 t_{s},其表达式如式(2-5)所示;通过在模型四周设置相关网格模拟自由场边界,将其产生的不平衡力传递到模型上,其动力边界条件设置示意图如图 2-13 所示。

$$\begin{cases} t_{\mathrm{n}} = -\rho C_{\mathrm{P}} v_{\mathrm{n}} \\ t_{\mathrm{s}} = -\rho C_{\mathrm{S}} v_{\mathrm{s}} \end{cases} \tag{2-5}$$

式中:ρ——密度;

C_{P}——纵波的波速;

C_{S}——横波的波速;

v_{n}——边界上法向速度分量;

v_{s}——边界上切向速度分量。

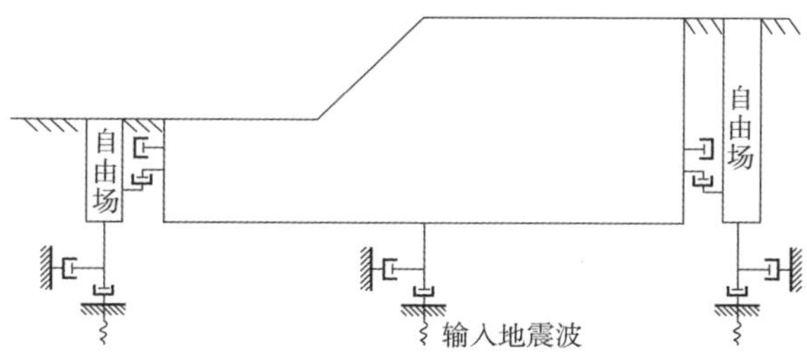

图 2-13　动力边界条件设置

3)阻尼参数

在实际地震过程中,岩土材料及结构会耗散部分地震波能量,在数值模拟软件中采用阻尼模型对此进行模拟。阻尼模型的存在能够提高动力方程收敛平衡的速度。刘继军[67]使用 FLAC 3D 软件对三种不同阻尼(局部、滞后及瑞利阻尼)下的地震动力进行分析,发现瑞利阻尼所产生的误差较小。本模型的计算也采用瑞利

阻尼,其表达式如式(2-6)所示:

$$C = \alpha M + \beta K \tag{2-6}$$

式中:C——阻尼矩阵;

M——质量矩阵;

K——刚度矩阵;

α、β——对应的阻尼常数。

2.5.2 模型建立

2.5.2.1 模型网格划分

数值模拟所依托的原型工程为草莓沟1号隧道上跨盘道岭隧道(斜交型)及草莓沟2号隧道下穿盘道岭公路隧道(正交型)。根据实际隧址区工程情况,模型左幅为正交型立体隧道,两隧道净距为7.47m,隧道埋深为35~45m,洞径为10m;右幅为斜交型立体隧道,两隧道净距为4.24m,隧道埋深为70~80m,洞径为7m。模型整体尺寸为140m×70m×90m,共划分为32682个网格单元。模型如图2-14所示。

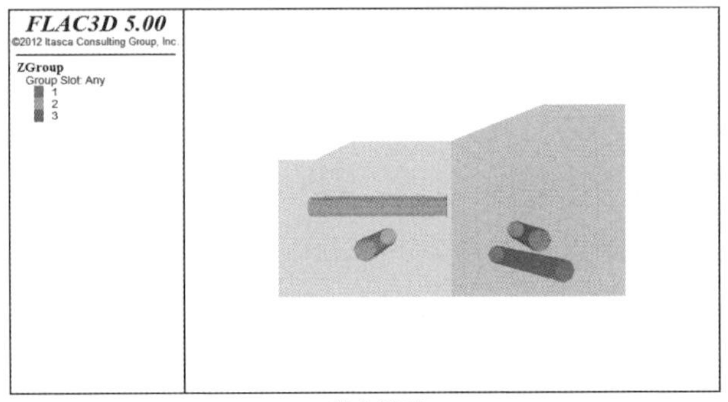

a) 静力模型

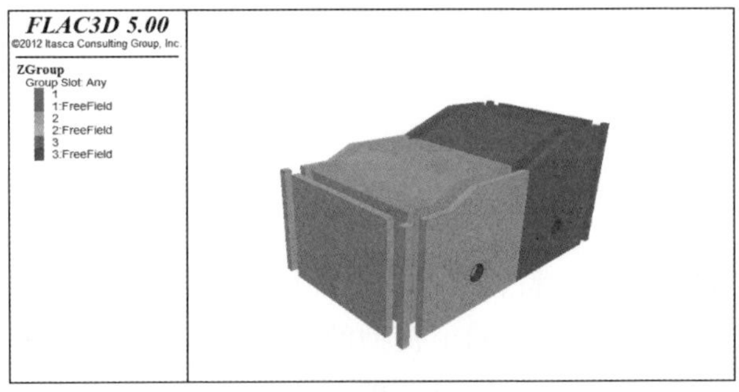

b) 动力模型

图2-14 数值模型

2.5.2.2　模型计算参数

围岩材料采用实体单元模拟,衬砌结构采用 shell 单元模拟,围岩及隧道结构等的主要计算参数见表 2-4。通过对模型固有频率的计算,阻尼系数为:$\alpha=1.862$,$\beta=0.0011$。

模型计算参数　　表 2-4

材料	容重 γ (kN/m^3)	弹性模量 E (GPa)	泊松比 μ	黏聚力 c (kPa)	内摩擦角 φ (°)
围岩	23	1.8	0.30	300	30
初期支护	22	28.0	0.20	—	—
二次衬砌	25	30.0	0.20	—	—

2.5.2.3　监测点布置

为了研究山区立体交叉隧道结构的变形特性及隧道围岩周围的动力响应,主要对隧道结构的典型位置进行监测。选取隧道交叉段中心断面,上跨隧道(1 号及 3 号隧道)分别定义为 B 或Ⅰ断面,下穿隧道(2 号及 4 号隧道)分别定义为 B′或Ⅰ′断面。选取左幅正交型立体隧道交叉段中心断面,在距 B 及 B′断面影响范围 30cm 处分别布设两个断面 A、C 及 A′、C′,在各断面拱顶及仰拱沿其轴向对加速度响应进行监测,上跨隧道测点编号为 SA1′~SA6′(下穿隧道为 XA1′~XA6′);对于右幅斜交型立体隧道交叉段中心断面,在距Ⅰ及Ⅰ′断面影响范围 30cm 处分别布设两个断面Ⅱ、Ⅲ及Ⅱ′、Ⅲ′,在各断面拱顶及仰拱沿其轴向对加速度响应进行监测,上跨隧道测点编号为 SA1~SA6(下穿隧道为 XA1~XA6),具体测点布置如图 2-15 所示。

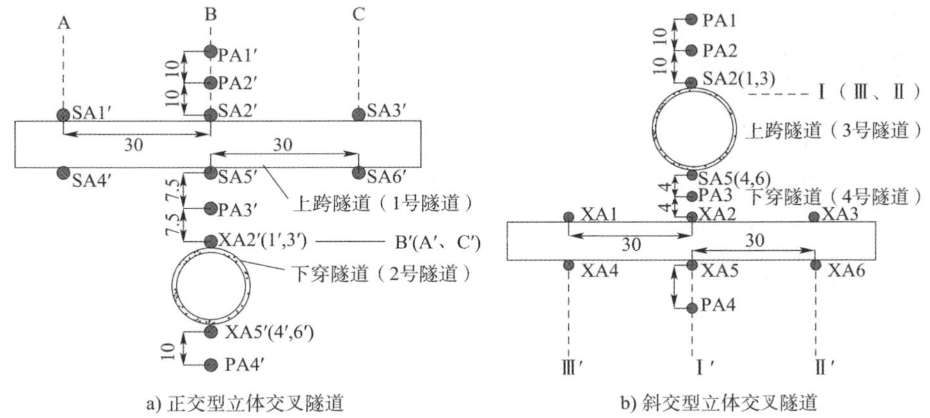

a) 正交型立体交叉隧道　　b) 斜交型立体交叉隧道

图 2-15　数值计算监测点布置(尺寸单位:cm)

2.5.2.4 地震波处理及加载设计

计算过程中输入的地震波为 El-Centro 波,且以 x 向输入(即水平向输入)。在数值模拟动力计算过程中,所输入的地震波往往需要经过一定的处理以满足计算的要求。因此,通过 SPECTR 软件对所输入地震波进行了滤波及校正,图 2-16 为 0.1g(g 为重力加速度,下同)时 El-Centro 波的时频曲线,可以看出输入波的加速度峰值出现在 2.08s,峰值为 0.66m/s^2,输入波的最大峰值出现在 1.14Hz,峰值为 1.14。

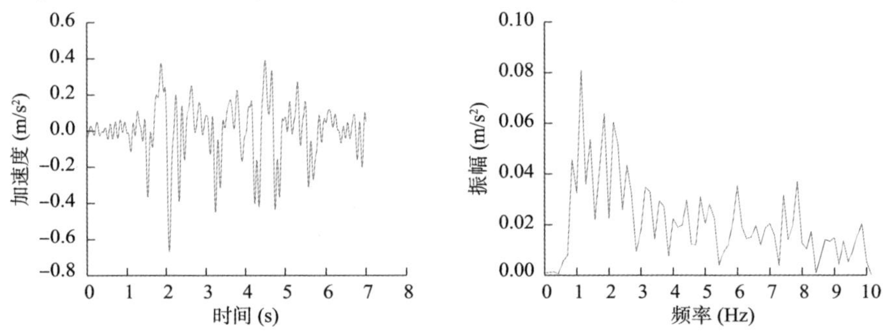

图 2-16 数值计算所输入地震波的时频曲线

根据《建筑抗震设计规范》(GB 50011—2010),隧址区的抗震设防烈度为Ⅶ度,本次数值模拟计算过程中输入地震波的峰值分别为 0.1g、0.2g、0.4g,对应的抗震设防烈度分别为Ⅶ度、Ⅷ度和Ⅸ度,如表 2-5 所示。

数值计算所输入地震波的峰值及对应烈度 表 2-5

抗震设防烈度	Ⅶ	Ⅷ	Ⅸ
设计基本地震加速度	0.10g(0.15g)	0.20g(0.30g)	0.4g

2.5.3 数值模拟结果分析[68]

2.5.3.1 静力模拟结果分析

由于围岩及隧道结构在未受到动力荷载作用时已经存在初始应力场,因此在计算之前,需要对模型的初始应力场进行平衡,并对模型仅在重力作用下的相关特性进行分析,为动力模型的计算提供基础模型及分析参考。

图 2-17 为山区立体交叉隧道静力模型(仅受重力作用)的初始地应力云图。由图中可以看出,仅在重力作用下,模型在水平向及竖直向的应力都为压应力,未出现拉应力;上层围岩的初始应力较小,下层围岩的初始应力较大,且应力沿着高程方向存在着明显的分层特性,其值基本在 7 ~ 15kPa;但在隧道洞口处仰拱及拱顶

附近的围岩,应力出现了不同程度的增大,基本表现出“类三角形”分布。此外,x向的压应力在靠近隧道右拱脚处达到最大,其值约为 45kPa;而 z 向的压应力在靠近隧道右边墙处达到最大,其值约为 129kPa。

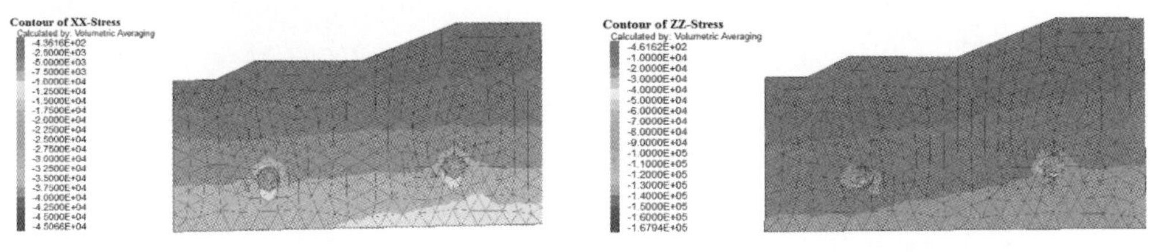

a) x向应力云图　　b) z向应力云图

图 2-17　模型初始地应力云图

图 2-18 为山区立体交叉隧道仅在重力作用下的位移云图。可以看出,其水平向位移在坡顶处最大,最大水平位移值仅为毫米级,其余位置处的位移基本在微米级,因此可以认为模型未出现明显水平变形。竖直向位移沿着高程方向存在着明显的分层特性,且在模型底部由右侧向左侧不断扩散发展,其竖直向位移保持在微米 ~ 毫米级,表明模型在仅受重力作用的情况下未出现明显的变形和位移,模型处于稳定状态。

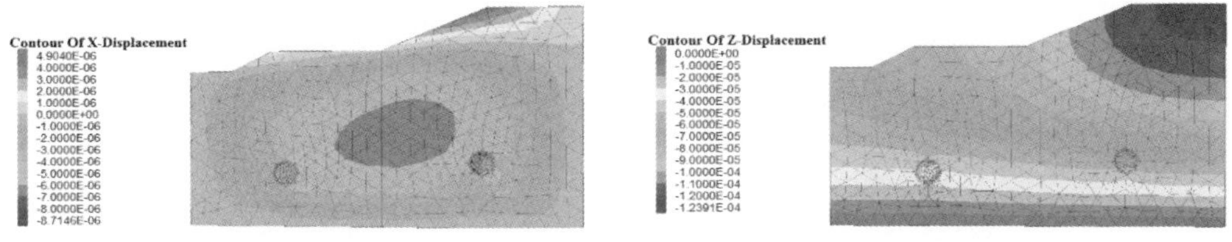

a) x向位移云图　　b) z向位移云图

图 2-18　模型位移云图

图 2-19 为山区立体交叉隧道仅在重力作用下的剪应变增量及塑性区分布云图。由图中可以看出,仅在重力作用下,模型剪应变增量在隧道结构的左、右边墙处达到最大,最大值约为 1.94×10^{-4};最大剪应变增量沿隧道两侧边墙已贯通,但其集中范围较小且大小基本维持在 1.64×10^{-4} ~ 1.96×10^{-4}。此外,剪应变增量沿着高程方向存在着明显的分层特性。由图 2-19b)可以看出模型基本无塑性区,模型整体在重力作用下处于弹性状态。

2.5.3.2　动力模拟结果分析

为了揭示立体交叉隧道在地震荷载作用下各隧道之间的影响关系,通过数值模拟对隧道结构不同监测点处的主应力 σ、主震方向位移 d、加速度响应及动应变响应的分布规律进行分析。

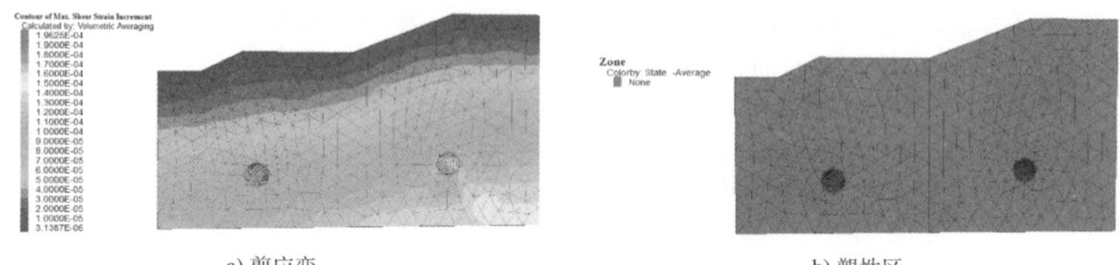

a) 剪应变　　b) 塑性区

图 2-19　模型剪应变增量及塑性区云图

1) 左幅正交型立体交叉隧道

(1) 主应力分布

图 2-20 为左幅正交型立体交叉隧道在 0.1g El-Centro 波作用下隧道轴向主应力峰值分布。

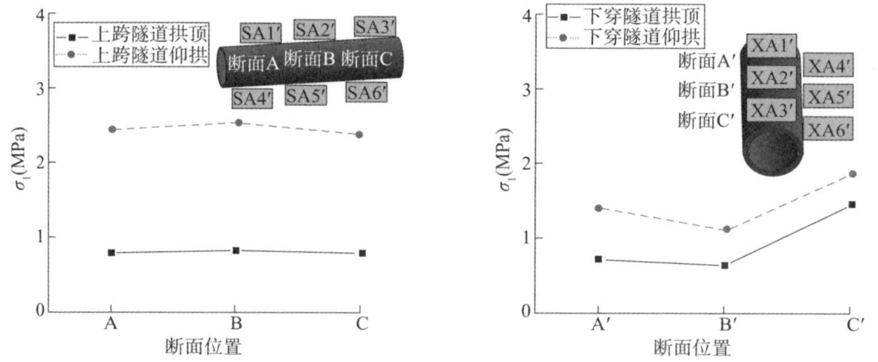

a) σ_1

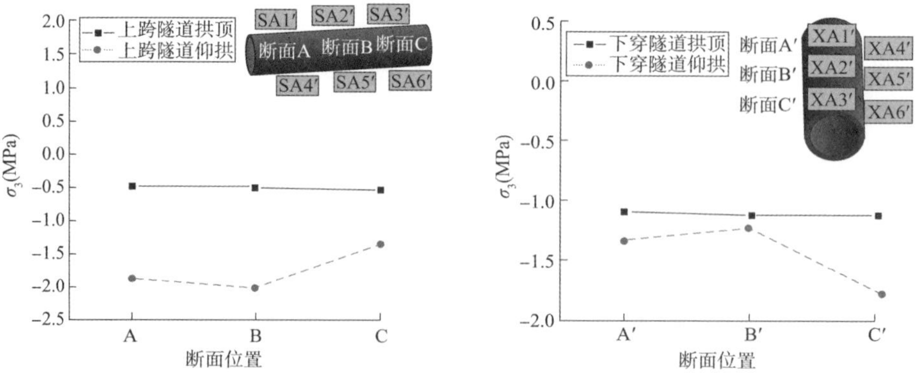

b) σ_3

图 2-20　左幅正交型立体交叉隧道主应力峰值分布

由图 2-20a）可以看出，上跨隧道的主应力 σ_1 最大值出现在 SA5′，为 2.54MPa；中心交叉断面 B 的主应力 σ_1 基本都大于断面 A、C 的主应力，且这种情况在仰拱表现得更为明显，断面 B 的 σ_1 分别为断面 A 和 C 的 1.04 倍、1.06 倍。下穿隧道主应力 σ_1 在拱顶及仰拱都表现出相似的分布规律，即中心交叉断面 B′的主应力 σ_1 基本都小于断面 A′、C′，最大值出现在 XA6′，为 1.87MPa；对于正交型立体交叉隧道，其仰拱处的主应力 σ_1 整体大于拱顶处。

由图 2-20b）可以看出，上跨隧道的主应力 σ_3 最大值（绝对值）出现在 SA5′，为 2.02MPa；中心交叉断面 B 的主应力 σ_3 的绝对值基本都大于断面 A、C，且这种情况在仰拱表现得更为明显，断面 B 的 σ_3 分别为断面 A 和 C 的 1.08 倍、1.50 倍。下穿隧道主应力 σ_3 沿拱顶各断面变化不明显，而在仰拱表现出倒“V”形分布，即中心交叉断面 B′的主应力 σ_3 的绝对值基本都小于断面 A′、C′，最大值出现在 XA6′，为 1.78MPa；对于正交型立体交叉隧道，其仰拱处的主应力 σ_3 绝对值整体大于拱顶处。

（2）主震方向位移分布

图 2-21 为左幅正交型立体交叉隧道在 0.1g El-Centro 波作用下隧道主震方向位移分布。

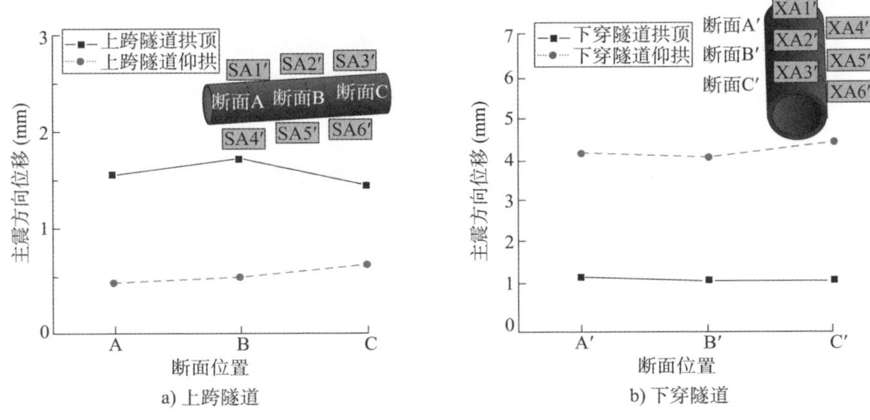

图 2-21　左幅正交型立体交叉隧道主震方向位移分布

由图 2-21 可以看出，上跨隧道主震方向位移在拱顶处大于仰拱处；拱顶处交叉断面 B 的位移大于其余两断面，最大值出现在 SA2′处，为 1.73mm，以 SA2′为例，其主震方向位移比 SA1′及 SA3′分别大 8%、16.2%。下穿隧道主震方向位移在仰拱处大于拱顶处；仰拱处交叉断面 B′的位移小于断面 A′及 C′，最大值出现在 XA6′处，为 4.47mm，交叉断面 XA5′处的位移比 XA4′及 XA6′分别小 2.6%、7.8%。

(3)加速度响应分布

图 2-22 为左幅正交型立体交叉隧道在 0.1g El-Centro 波作用下隧道轴向加速度峰值分布。

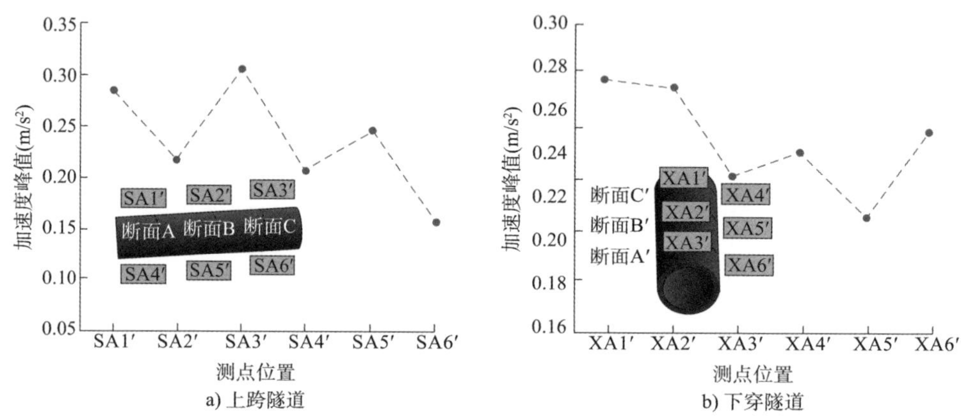

图 2-22　左幅正交型立体交叉隧道轴向加速度峰值分布

由图 2-22 可以看出对于正交型立体交叉隧道,在地震荷载作用下其数值模拟计算的加速度响应分布表现出一定的规律性,即上跨隧道拱顶处交叉中心断面 B 的地震响应小于其影响区两侧断面 A 及 C,而仰拱处的加速度响应表现与拱顶正好相反,在 SA5′处最大。下穿隧道仰拱处交叉中心断面 B′的地震响应小于其影响区两侧断面 A′及 C′。为了更加详细地了解加速度峰值分布规律,将各测点的加速度峰值提取出来,绘制成表 2-6。

左幅正交型立体交叉隧道轴向加速度峰值分布　　表 2-6

测点位置			加速度峰值(m/s²)
上跨隧道	拱顶	SA1′	0.28
		SA2′	0.22
		SA3′	0.31
	仰拱	SA4′	0.21
		SA5′	0.25
		SA6′	0.16
下穿隧道	拱顶	XA1′	0.28
		XA2′	0.27
		XA3′	0.23

续上表

测点位置			加速度峰值(m/s^2)
下穿隧道	仰拱	XA4′	0.24
		XA5′	0.21
		XA6′	0.25

此外,选取数值计算过程中的典型测点 SA5′及 XA2′,对其加速度时程曲线进行分析,如图 2-23 所示。可以看出,下穿隧道的拱顶加速度响应大于上跨隧道仰拱,说明加速度的叠加效应在交叉区段的拱顶更为明显;同时也可以看出加速度峰值基本出现在加载地震波后的 5.10s 左右。

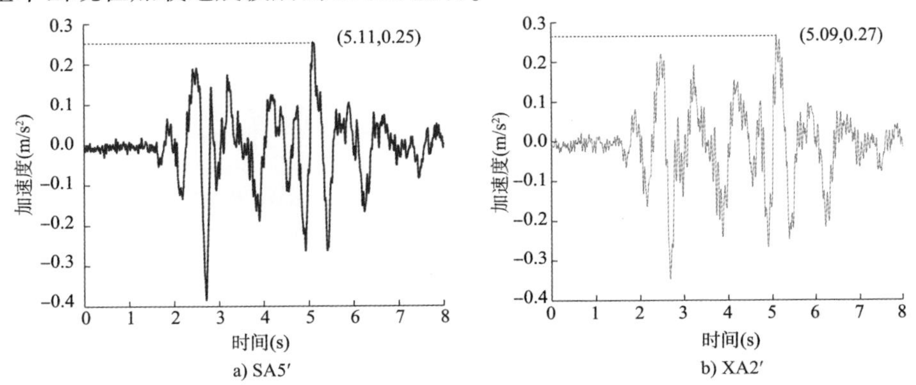

a) SA5′　b) XA2′

图 2-23　上跨隧道仰拱及下穿隧道拱顶加速度时域曲线

(4)动应变响应分布

图 2-24 为左幅正交型立体交叉隧道在 0.1g El-Centro 波作用下隧道轴向应变峰值分布。

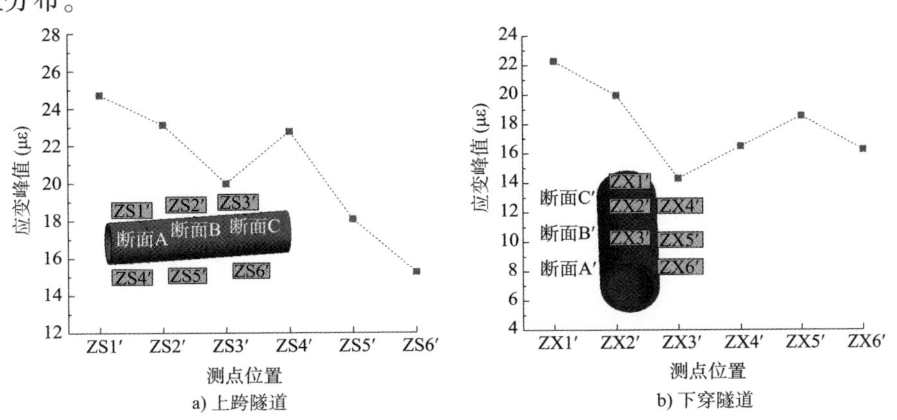

a) 上跨隧道　b) 下穿隧道

图 2-24　左幅正交型立体交叉隧道轴向应变峰值分布

通过数值模拟计算发现,隧道拱顶处的应变峰值基本都大于仰拱处;上跨隧道及下穿隧道拱顶处的应变峰值基本都出现在靠近模型边界处(ZS1′及 ZX1′),表明该区域在地震荷载下发生变形的可能性较大;而上跨隧道仰拱的应变峰值较小,是由于两隧道交叉区的存在对交叉中心断面的围岩产生影响,使隧道周围围岩产生“挤密效果”,增强了对地震波的吸收,同时也减弱了地震荷载对于隧道的冲击作用。此外,由于影响区段两侧断面 A 及 C(A′及 C′)在地震过程中相对处于临空状态,两侧土体的挤压使其更容易发生变形,导致其动力响应较为强烈。

2)右幅斜交型立体交叉隧道

(1)主应力分布

图 2-25 为右幅斜交型立体交叉隧道在 0.1g El-Centro 波作用下隧道轴向主应力分布。

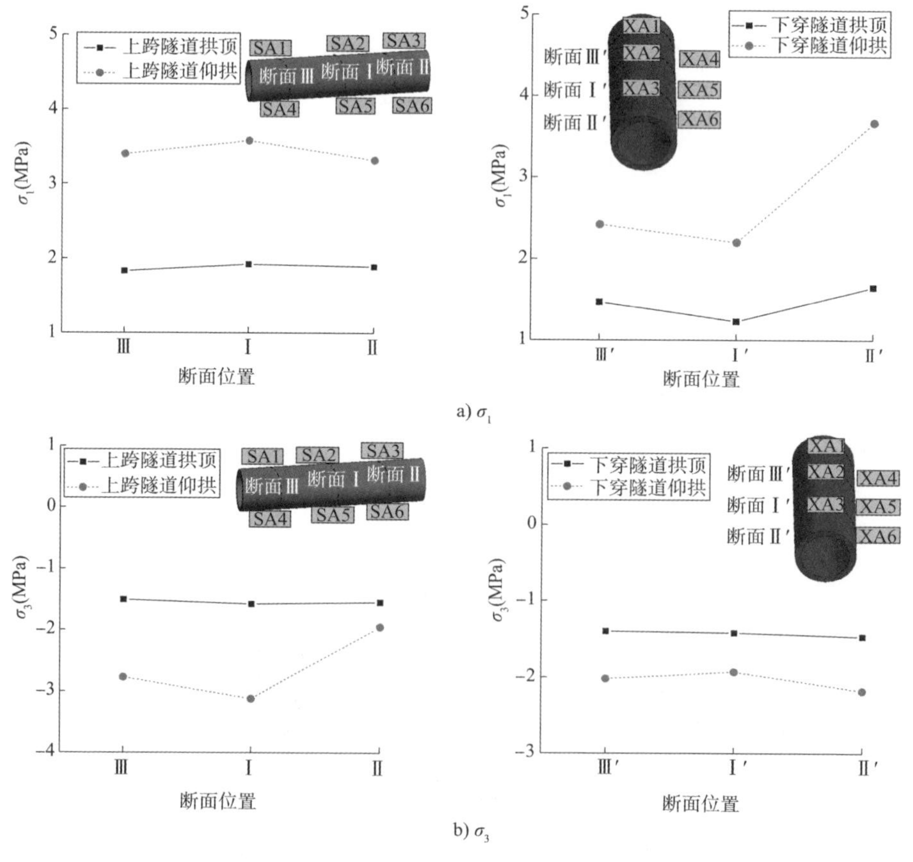

a) σ_1

b) σ_3

图 2-25　右幅斜交型立体交叉隧道轴向主应力分布图

由图 2-25a）可以看出，上跨隧道的主应力 σ_1 最大值出现在 SA5，为 3.58MPa；中心交叉断面Ⅰ的主应力 σ_1 基本都大于断面Ⅱ、Ⅲ，且这种情况在仰拱表现得更为明显，断面Ⅰ的 σ_1 分别为断面Ⅱ和Ⅲ的 1.08 倍、1.05 倍。下穿隧道主应力 σ_1 在拱顶及仰拱都表现出“V”形分布，即中心交叉断面Ⅰ′的主应力 σ_1 基本都小于断面Ⅱ′、Ⅲ′，最大值出现在 XA6，为 3.67MPa；对于斜交型立体交叉隧道，其仰拱处的主应力 σ_1 整体大于拱顶处。

由图 2-25b）可以看出，上跨隧道的主应力 σ_3 最大值（绝对值）出现在 SA5，为 3.22MPa；中心交叉断面Ⅰ的主应力 σ_3 的绝对值基本都大于断面Ⅱ、Ⅲ，且这种情况在仰拱表现得更为明显，断面Ⅰ的 σ_3 分别为断面Ⅱ和Ⅲ的 1.60 倍、1.13 倍。下穿隧道主应力 σ_3 沿拱顶及仰拱各断面变化不明显，基本表现为中心交叉断面Ⅰ′的主应力 σ_3 的绝对值基本都小于断面Ⅱ′、Ⅲ′，最大值出现在 SA5，为 3.14MPa；对于斜交型立体交隧道，其仰拱处的主应力 σ_3 的绝对值整体也均大于拱顶处。

（2）主震方向位移分布

图 2-26 为右幅斜交型立体交叉隧道在 0.1g El-Centro 波作用下隧道主震方向位移分布。

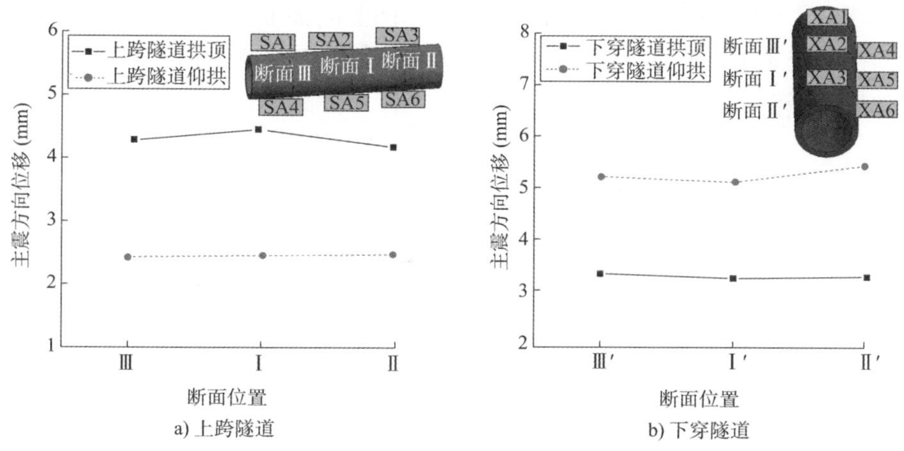

图 2-26　右幅斜交型立体交叉隧道主震方向位移分布

由图 2-26 可以看出，上跨隧道主震方向位移在拱顶处大于仰拱处；拱顶处交叉断面Ⅰ的位移大于其余两断面，最大值出现在 SA2 处，为 4.65mm，以 SA2 为例，其主震方向位移比 SA1 及 SA3 分别大 3.3%、5.9%。下穿隧道主震方向位移在仰拱处大于拱顶处；仰拱处交叉断面Ⅰ′的位移小于断面Ⅱ′及Ⅲ′，最大值出现在 XA6 处，为 5.53mm，交叉断面处 XA5 的位移比 XA4 及 XA6 分别小 5.8%、1.4%。

(3)加速度响应分布

图2-27为右幅斜交型立体交叉隧道在0.1g El-Centro波作用下隧道轴向加速度峰值分布。

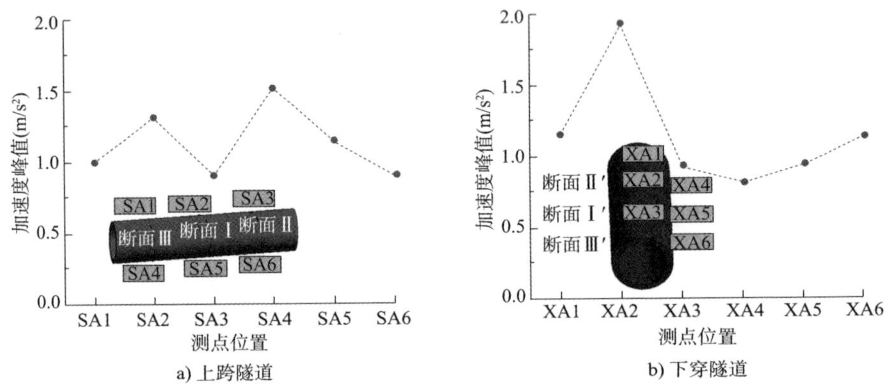

图2-27 右幅斜交型立体交叉隧道加速度峰值分布

由图2-27可以看出对于斜交型立体交叉隧道,在地震荷载作用下其数值模拟计算的加速度峰值分布表现出一定的规律性,即上跨隧道及下穿隧道的拱顶处交叉中心断面Ⅰ(Ⅰ′)的地震响应大于其影响区两侧断面Ⅱ及Ⅲ(Ⅱ′及Ⅲ′),而下穿隧道仰拱处交叉中心断面Ⅰ′的地震响应小于其影响区两侧断面Ⅱ′及Ⅲ′。将各测点的加速度峰值提取出来,制成表2-7。

右幅斜交型交体交叉隧道加速度峰值分布 表2-7

测点位置			加速度峰值(m/s²)
上跨隧道	拱顶	SA1	0.98
		SA2	1.31
		SA3	0.91
	仰拱	SA4	1.50
		SA5	1.14
		SA6	0.90
下穿隧道	拱顶	XA1	1.04
		XA2	1.90
		XA3	0.93
	仰拱	XA4	0.80
		XA5	0.93
		XA6	1.12

此外，选取数值计算过程中的典型测点 SA5 及 XA2，对其加速度时程曲线进行分析，如图 2-28 所示。在数值计算过程中，下穿隧道的拱顶加速度响应大于上跨隧道仰拱；上跨隧道仰拱加速度峰值在加载地震波后的 3.10s 出现，而下穿隧道拱顶加速度峰值出现在加载地震波后的 5.50s，表明下穿隧道拱顶的地震破坏更为严重且具有一定的滞后性。

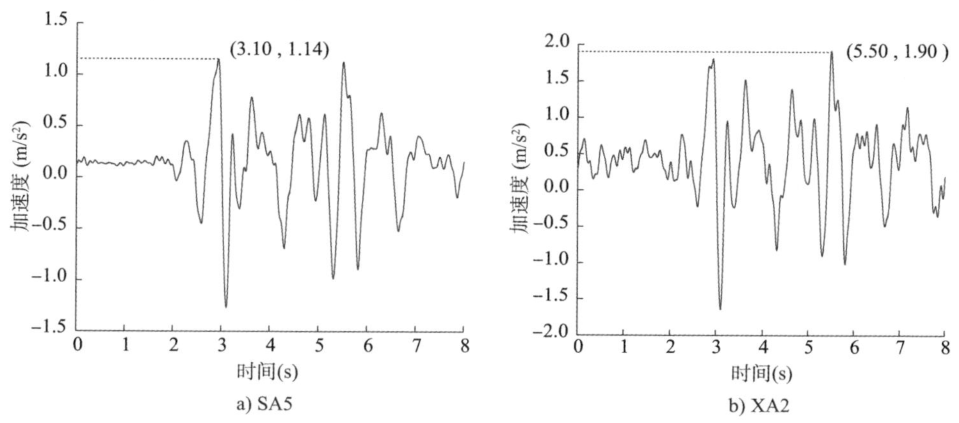

图 2-28　上跨隧道仰拱及下穿隧道拱顶加速度时域曲线

(4) 动应变响应分布

图 2-29 为右幅斜交型立体交叉隧道在 0.1g El-Centro 波作用下隧道轴向应变峰值分布。

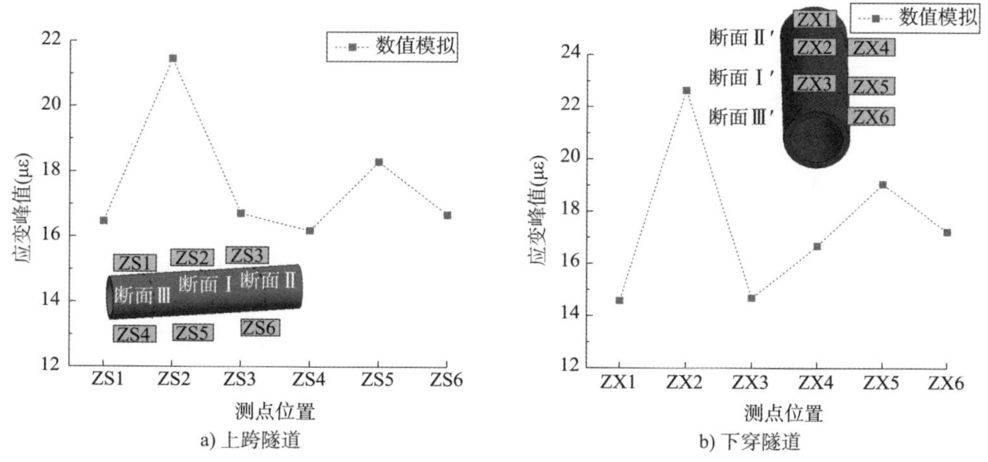

图 2-29　右幅斜交型立体交叉隧道轴向应变峰值分布

通过数值模拟计算发现，拱顶轴向应变表现出明显的非线性特点，上跨隧道及下穿隧道 ZS2(ZX2)测点的峰值应变在 0.1g 地震波作用下大于影响区段 ZS1 及 ZS3(ZX1 及 ZX3)测点,仰拱处的峰值应变分布规律与隧道拱顶的分布表现较为相似,即 ZS5(ZX5)测点应变峰值大于 ZS4 及 ZS6(ZX4 及 ZX6)。此外,可以发现在断面Ⅰ及断面Ⅰ′处,即 ZS2、ZS5 及 ZX2、ZX5 处出现了锯齿状分布,且在拱顶处表现得更为明显;这说明交叉中心断面Ⅰ及Ⅰ′在地震荷载作用下应变动力响应较为强烈,表明地震波在交叉段具有明显的叠加效应,因此交叉中心断面易成为隧道结构潜在的震害破坏区,在抗震设计时应重点关注此断面,并提升该区域的抗震等级。

2.6 小　　结

通过上述分析及数值模拟计算,得出:

①立体交叉隧道模型在重力作用下,其初始地应力沿着高程方向存在着明显的分层特性;模型的水平向及竖直向位移基本保持在微米级,未出现明显的变形、位移,模型处于稳定状态;模型基本无塑性区,模型整体在重力作用下基本处于弹性状态。

②在 0.1g El-Centro 波作用下,正交型及斜交型立体交叉隧道主应力 σ_1、σ_3 的最大值(绝对值)都出现在上跨隧道交叉断面仰拱处;上跨隧道中心交叉断面的主应力 σ_1、σ_3 基本都大于两侧影响区断面,而下穿隧道情况正好相反,其中心交叉断面的主应力 σ_1、σ_3 相对最小;此外,隧道仰拱处的主应力 σ_1、σ_3 整体大于拱顶处。

③在 0.1g El-Centro 波作用下,正交型及斜交型立体交叉隧道的上跨隧道主震方向位移在拱顶处大于仰拱处,而下穿隧道正好相反,即下穿隧道主震方向位移在拱顶处小于仰拱处;上跨隧道拱顶处中心交叉断面的位移大于其余两断面,而下穿隧道仰拱处中心交叉断面的位移小于其余两侧影响断面。

综上所述,与单洞隧道相比,立体交叉隧道在理论和技术方面还不成熟,具有隧道间穿越风险大、多重效应耦合明显、环境效应多次叠加、稳定性和变形难以控制等特点。而对于山区立体交叉隧道结构,在地震荷载作用下会受到多种地震荷载效应的作用,导致其所产生的地震惯性力较大;另外由于围岩之间的相互影响较大,立体交叉隧道可能会成为全线最为薄弱的区段,若发生地震破坏,将会造成严重的后果。因此,对山区立体交叉隧道开展振动台模型试验,对其地震动力响应进行研究是非常有必要的。

第3章

斜交型立体交叉隧道地震动力响应

目前已在立体交叉隧道的力学特性、加固技术及监控量测等静力学方面取得丰硕的研究成果,而对于立体交叉隧道的地震动力响应分析较少,且针对立体交叉隧道的抗震及防护等也缺乏相应的规范。同时,目前对于地震响应的分析主要关注加速度或应变峰值,而简单的快速傅立叶变换无法反映信号的时域和频域等局部化特性。

采用振动台试验方法研究地下结构抗震性能,可以再现以往的地震过程或者加载人工地震波,是研究结构动力特性、破坏机理、抗震措施最直接的途径。本章以草莓沟1号隧道和盘道岭隧道为例,着重选取盘道岭隧道(下穿隧道)为研究对象完成了3种地震烈度、11种加载工况的振动台试验,重点分析受上跨隧道影响,超小净间距小角度立体交叉下穿隧道拱顶、仰拱断面的加速度和应变动力响应特征;在此分析基础上,以该场区沿线地震动峰值加速度0.15g加载工况为依据,对环向最大地震应变规律进行分析,根据有效频率加速度计的范围和输入的功率谱峰值,利用SPECTE反应谱分析程序,对交叉中心拱顶和仰拱位置的加速度反应谱的分布规律进行了对比分析和研究[69]。

3.1 振动台模型试验设计

3.1.1 振动台系统及其参数

本次试验采用中国地震局兰州地震研究所伺服驱动式地震模拟振动台开展。该振动台自带64通道动态数据采集系统,台面长6m、宽4m,最大位移±250mm,最大加速度1.7g,振动台上配备的刚性模型箱尺寸为长2.85m、宽1.40m、高1.80m,具体参数如表3-1所示。

振动台系统参数 表 3-1

参数	技术指标			
	x,z(单向振动)		xz(双向耦合振动)	
	x	z	x	z
最大承载质量(t)	20	15	15	15
最大位移(mm)	±250	±100	±150	±100
最大速度(mm/s)	1500	700	1000	700
最大加速度(g)	1.7	1.2	1.2	1.0
工作频率(Hz)	0.1~70	0.1~50	0.1~50	0.1~50

模型箱边界采用角钢以限制其变形。在模型箱顶部及底部预留孔槽,方便模型箱的安装。箱体两侧采用厚2cm的钢板。为了更好观察试验现象,模型箱体前、后面都采用3cm厚的透明硬质玻璃,并在其外壁划标记刻度。振动台系统与模型箱如图3-1所示。

a) 振动台系统

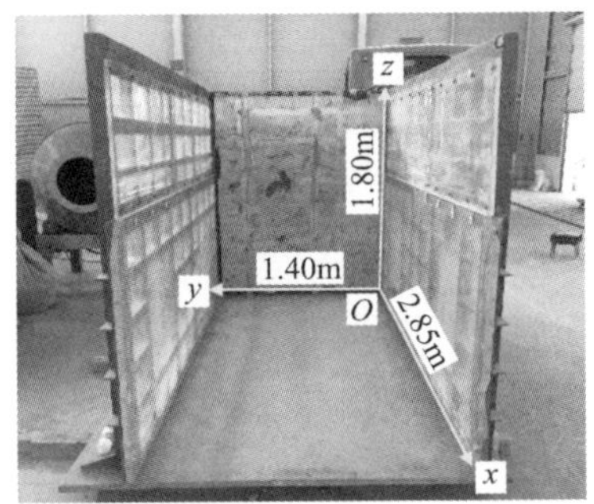

b) 模型箱

图3-1 振动台系统及模型箱

3.1.2 相似参数及相似比设计

一般来说,由于试验场地、振动台尺寸及荷载的限制,使振动台试验完全符合工程原型是几乎不可能实现的,所以振动台试验大多为缩尺试验[70]。而在设计振动台模型试验时,需要解决的首要问题就是原型和模型相似关系的确定。目前,大多试验通过量纲分析法来确定相似比,然而在推导过程中要求所有参量都必须满足同一个特征方程,所以对土、结构和地震波的相似设计无法分别实现[71]。同时,要求推导出的其余相似比满足模型相似设计,这在模型试验中几乎不可能实现。因此,在振动台设计时应尽量保持应力场及加速度的一致性,即要求模型重力加速

度比 $C_g = 1(C_g = C_a)$。

参考前人的研究[72]，本研究采用了土-结构相互作用模型试验的单独相似设计方法。对所有物理量进行排序后，物理量之间的函数关系可以写成：

$$f = (L,\rho,g,\sigma,\varepsilon,E,A,F,m,u,\tau,G,I,c,M,a,t,\varphi,\lambda,\gamma,\omega) \tag{3-1}$$

通过选择相对容易确定的长度 L、密度 ρ、重力 g 作为控制参数，并按照一定关系推导其余不易确定的参数。在选定控制参数后，由这三个参数可以得到其他参数的相似比。公式(3-1)可以改写为：

$$f = (L,\rho,g|\sigma,\varepsilon,E,A,F,m,u,\tau,G,I,c,M,a,t,\varphi,\lambda,\gamma,\omega) \tag{3-2}$$

将不同组成部分的相关参数分离，如式(3-3)～式(3-5)所示：

$$f'_{土} = (L,\rho,g|\sigma,\varepsilon,F,m,u,\tau,G,c,a,\varphi,\lambda,\gamma) \tag{3-3}$$

$$f'_{结构} = (L,\rho,g|\sigma,\varepsilon,E,A,F,m,u) \tag{3-4}$$

$$f'_{地震波} = (L,\rho,g|a,t,\omega) \tag{3-5}$$

对上述特征方程的第二次分离如下：

$$f''_{土} = (L,\rho,g|\sigma,\tau,c,\varphi) \tag{3-6}$$

$$f''_{结构} = (L,\rho,g|\sigma,\varepsilon,E,A) \tag{3-7}$$

$$f''_{地震波} = (L,\rho,g|a,t,\omega) \tag{3-8}$$

式中：L——长度；

ρ——密度；

g——重力；

m——质量；

a——加速度；

σ——正应力；

τ——剪应力；

ε——应变；

γ——剪应变；

c——黏聚力；

φ——内摩擦角；

E——弹性模量；

g——剪切模量；

a——面积；

F——力；

u——泊松模量比值；

t——时间；

ω——频率；

M——弯矩；

I——惯性矩；

λ——阻尼比。

根据参数的重要性将其分为控制参数、关键参数、相关参数及无关参数。根据上述分析，本研究的相似设计只考虑控制参数和关键参数，忽略部分次要参数。为使试验模型设计合理、满足振动台系统的尺寸要求，几何尺寸 L、密度 ρ 和加速度 g 的相似比分别为 $C_L=1/50$、$C_\rho=1$ 和 $C_g=1$，以这 3 个参量为基础推导出其他相似参数，如表 3-2 所示。

相似关系及相似比　　表 3-2

模型组成	物理量	相似关系	相似比
土	剪应力 τ	$C_\tau=C_\rho C_L C_g$	1/50
	内聚力 c	$C_c=C_\rho C_L C_g$	1/50
	内摩擦角 φ	C_φ	1
	应力 σ	$C_\sigma=C_\rho C_L C_g$	1/50
结构	应力 σ	$C_\sigma=C_\rho C_L C_g$	1/50
	应变 ε	C_ε	1
	弹性模量 E	$C_E=C_\rho C_L C_g$	1/50
	面积 A	$C_A=C_L^2$	$1/50^2$
地震波	加速度 a	$C_a=C_g$	1
	时间 t	$C_t=C_L^{0.5}C_\rho^{-0.5}$	1/9.129
	频率 ω	$C_\omega=C_L^{-0.5}C_\rho^{0.5}$	1/0.110

3.1.3　模型相似材料制作

模型中，隧道围岩相似材料主要采用水泥、砂、土和水，按照一定的配合比，根据《公路隧道设计规范》(JTG 3370.1—2018)、《铁路隧道设计规范》(TB 10004—2016)Ⅳ级围岩参数折中取值配制。其中，容重、黏聚力、内摩擦角、弹性模量、泊松比等物理力学参数对结构地震响应的影响较大。对不同配合比的混合材料进行直剪试验和三轴试验，如图 3-2 所示。测定上述参数，如表 3-3 所示，从而确定了一种Ⅳ级围岩相似配合料，如表 3-4 所示。

图3-2　不同材料标准岩样的剪切试验

原型和模型材料的主要物理力学参数值　　表3-3

相似材料	力学参数	变形模量(GPa)	密度(kg/m³)	黏聚力(kPa)	内摩擦角(°)
围岩	原型	1.3～6	2000～3000	200～700	27～39
	模型	0.14	2270	10.47	34.80
衬砌	原型	31.5	2300	—	—
	模型	1.05	2180	—	—

模型相似材料配比　　表3-4

材料	配比			
	水泥	砂	土	水
Ⅳ级围岩	0.5%	12%	5%	2%

为了避免由于隧道形状引起地震响应分析结果的不同，同时考虑经济性和时效性，试验中都采用圆形隧道来代替蹄形隧道。隧道的衬砌结构采用厚度2～3mm、直径200mm的硬质PVC(聚氯乙烯)材料，并外置5mm厚的配合材料(石膏:石英砂:水=1:1.5:2)模拟隧道衬砌，为进一步增强配合材料与PVC管材的黏结，先对PVC管材外表面进行拉毛处理，然后刷一层青漆，晾干放置24h后在外表面刷一层清漆做防水处理，制作完成的模型如图3-3所示。

图 3-3　隧道结构模型

3.1.4　试验模型

考虑到刚性模型箱边界效应的影响,垂直于水平激振方向的模型箱边界可形成激振反射,使得波动传递存在较大差异,因而在内侧壁贴 5cm 厚的聚苯乙烯泡沫塑料板,将垂直于水平激振方向的模型箱边界处理为柔性边界。

地震波由模型箱底部输入,因此模型土与土箱底板之间不应有相对的滑动。为了保证它们之间较好地黏结,模型箱底板铺设一层 5cm 厚的碎石土以增大摩擦力,碎石粒径 2cm 左右,底板处理成摩擦边界。

平行于水平激振方向的模型箱两侧壁与隧道结构之间,在粘贴 3cm 厚的聚苯乙烯泡沫塑料板的基础上再刷一层黄油,处理为滑动边界,以消除箱体侧壁的摩擦约束,同时减少振动波的反射,防止隧道受箱体影响而产生振动,如图 3-4 所示。

图 3-4　模型边界处理方法

模型三维设计图如图 3-5a)所示,实际填筑完成的模型如图 3-5b)所示。本章研究对象为右幅斜交型立体交叉隧道。

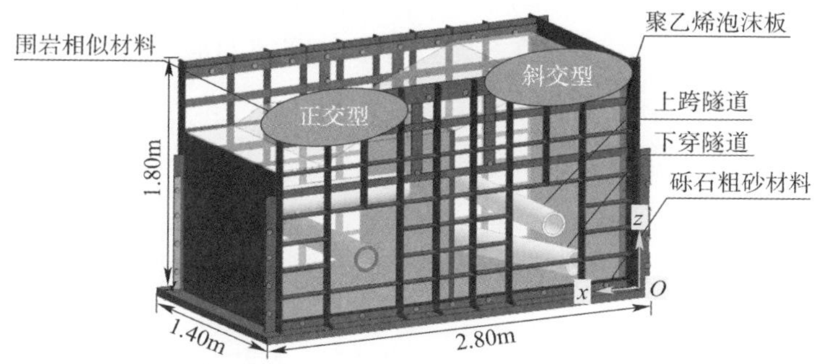

a) 模型三维设计图

b) 现场实际模型图

图 3-5　模型

3.1.5　试验加载方案

根据《中国地震动参数区划图》(GB 18306—2015),该场区处于地震基本烈度Ⅶ度区,沿线地震动峰值加速度为 0.15g,地震动反应谱特征周期为 0.35s。

参照以上取值,本次振动台试验选取国内外地震研究领域专家学者在试验中广泛采用的 El-Centro 地震波。这条地震波是 1940 年在美国首次捕捉到的最大加速度超过 0.3g 的地震波。主要进行了 5 种地震加载,加载方向均为水平向(x 向)。每次改变输入地震波峰值大小时,均输入白噪声以测试系统的动力特性,即正弦扫频,每次正弦扫频输入值均为 0.05g,以研究系统的损伤程度随输入地震波的变化。加载顺序如图 3-6 所示。由于本试验着重就土-结构之间的动力响应相互作用开展研究，结合前人的相关研究，使用采集到的原始波形输入对本试验的研究目的影响较小，因此未对地震波的输入做相似比处理。但是应当指出，受制于振动台试验本身的限制，如较难模拟地震中横、纵波先后到达地下结构的时间差异，试验模拟的地震波同真实情况尚存在一定差异。地震波的加速度时程曲线和傅立叶谱如图 3-7 所示。

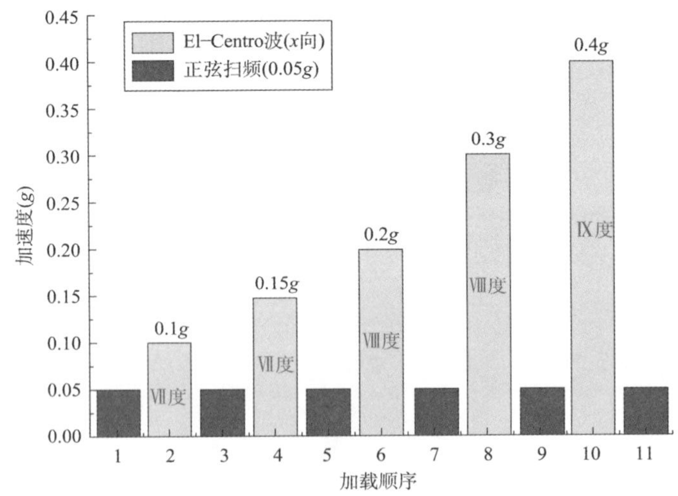

图 3-6　振动台模型试验加载顺序

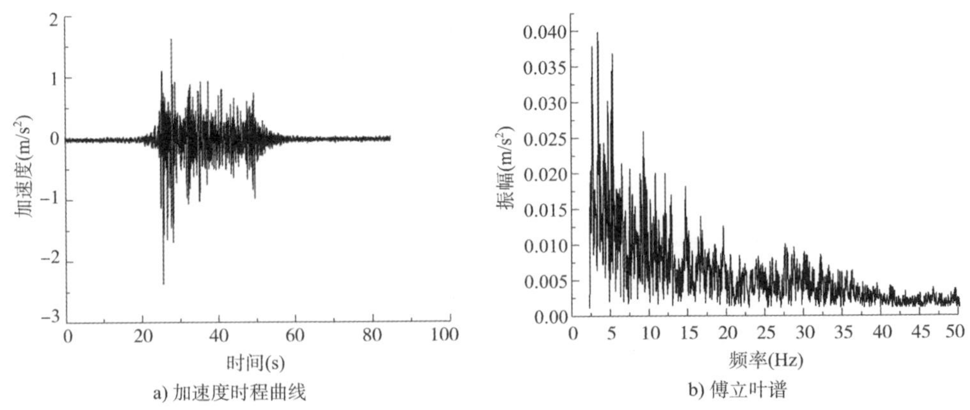

a) 加速度时程曲线　　b) 傅立叶谱

图 3-7　El-Centro 地震波加速度时程曲线及傅立叶谱

3.1.6　测试仪器安装及测试方案

此次试验着重获取超小净间距小角度山区立体交叉下穿隧道拱顶、仰拱断面的加速度和应变动力响应特征，以盘道岭隧道（下穿隧道）为研究对象，在拱顶和仰拱沿断面分别布设加速度计和动应变计，捕捉试验全过程数据，传感器布设如图 3-8 所示。

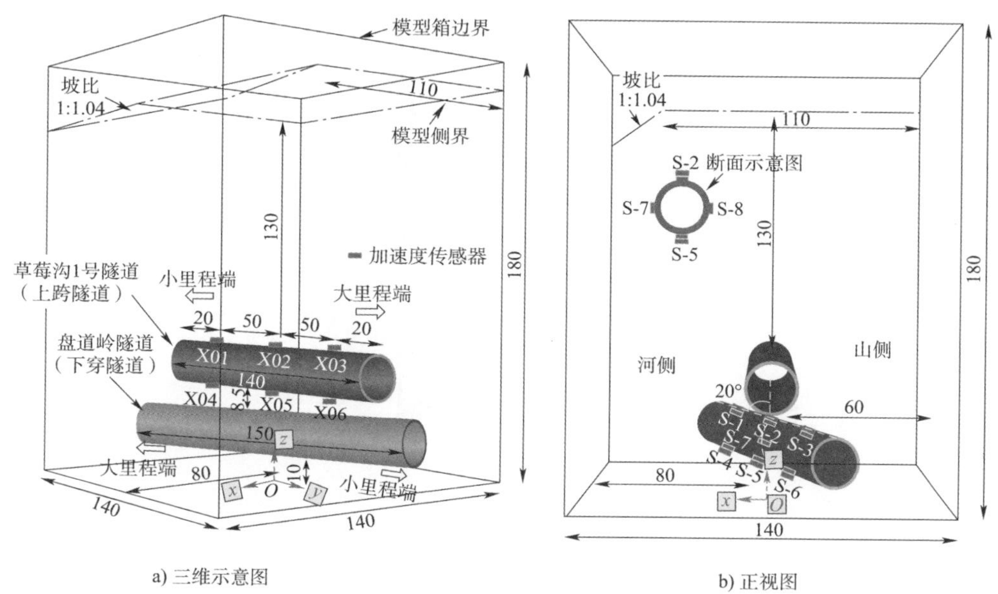

图 3-8　试验模型及传感器位置（尺寸单位：cm）

注：1. 图中交叉隧道中心位置定义为坐标原点，沿大里程端方向特征点位置为正，反之为负，下述特征点位置坐标描述均以此为参考。

2. 图中坐标系代表振动台加载方向。

本次分析主要选取盘道岭隧道（下穿隧道）交叉中心段在工作条件 2、4、6、8 和 10（对应于图 3-6 中输入的加速度峰值分别为 0.1g、0.15g、0.2g、0.3g 和 0.4g）的地震波作用下，着重分析在上跨隧道影响下，超小净间距小角度立体交叉下穿隧道拱顶、仰拱断面的加速度和应变动力响应特征，在此基础上，以该场区沿线地震动峰值加速度 0.15g 的加载工况为依据，对环向最大地震应变规律进行分析，根据加速度计的有效频率范围和输入的功率谱峰值，利用 SPECTE 反应谱分析程序，对交叉中心拱顶和仰拱位置的加速度反应谱的分布规律进行对比分析和研究。

3.2　加速度动力响应分析

3.2.1　拱顶动力响应特征

工作条件 2、4、6、8 和 10 分别为水平加载 0.1g、0.15g、0.2g、0.3g 和 0.4g 的 El-

Centro 地震波,绘制拱顶各测点在这 5 种工作条件下的加速度峰值,如图 3-9 所示。

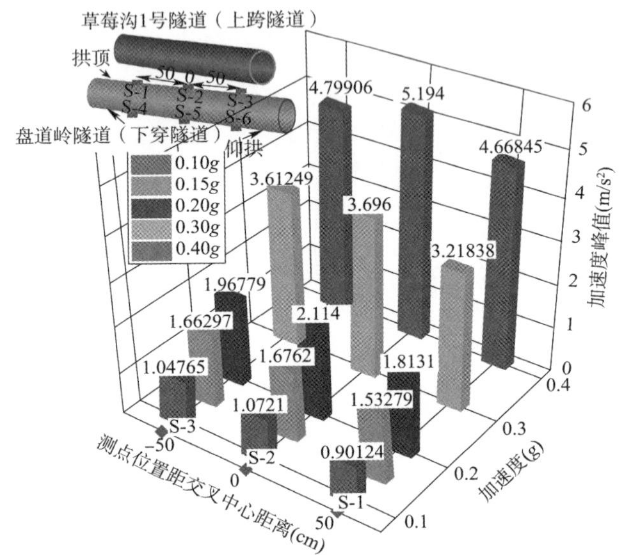

图 3-9　拱顶各测点在 5 种工作条件下的加速度峰值

注:图中交叉隧道中心位置定义为原点,负号仅代表位置方向,下同。

分析图 3-9 可知,地震烈度越高,超小净间距小角度立体交叉下穿隧道拱顶峰值加速度响应越明显,当地震烈度从Ⅷ度(0.2g)增加到Ⅷ度(0.3g)时,各特征点处峰值变化尤为明显。不同地震烈度下,加速度峰值沿拱顶断面的分布呈"︿"状,受上跨隧道影响,交叉中心位置处(S-2)拱顶峰值加速度响应均大于两侧特征点位置处,其中河侧位置(S-1)大于山侧位置(S-3),各特征点处加速度峰值由大到小依次为:交叉中心 > 河侧 > 山侧。

提取图 3-8 中各测点的加速度峰值,定义加速度峰值比 $\Delta_{i,j}$,其中:i = S-1,S-2,S-3,表示特征点位置;j = 1,2,3,4,5,分别表示 0.1g、0.15g、0.2g、0.3g、0.4g 工作条件下的加速度峰值大小。例如:$\Delta_{S\text{-}1,2}$表示 S-1 测点位置在 0.2g 工作条件下与 0.1g 条件下加速度峰值比值。绘制成表 3-5,其变化谱图如图 3-10 所示。

下穿隧道拱顶加速度峰值比统计表　　表 3-5

工作条件	S-1		S-2		S-3	
	加速度峰值(m/s²)	$\Delta_{S\text{-}1,j}$	加速度峰值(m/s²)	$\Delta_{S\text{-}2,j}$	加速度峰值(m/s²)	$\Delta_{S\text{-}3,j}$
0.10g	0.90125	—	1.0721	—	1.04765	—
0.15g	1.53279	0.70	1.6762	0.56	1.66297	0.59

续上表

工作条件	S-1		S-2		S-3	
	加速度峰值（m/s^2）	$\Delta_{S\text{-}1,j}$	加速度峰值（m/s^2）	$\Delta_{S\text{-}2,j}$	加速度峰值（m/s^2）	$\Delta_{S\text{-}3,j}$
0.20g	1.81310	1.01	2.1140	0.97	1.96779	0.88
0.30g	3.21838	2.57	3.6960	2.45	3.61249	2.43
0.40g	4.66845	3.84	5.1940	4.18	4.79906	3.58

说明：$\Delta_{S\text{-}1,1}=(a_1-a_1)/a_1$，$\Delta_{S\text{-}1,2}=(a_2-a_1)/a_1$，$\Delta_{S\text{-}1,3}=(a_3-a_1)/a_1$，$\Delta_{S\text{-}1,4}=(a_4-a_1)/a_1$，$\Delta_{S\text{-}1,5}=(a_5-a_1)/a_1$；$\Delta_{S\text{-}2,1}=(a_1-a_1)/a_1$，$\Delta_{S\text{-}2,2}=(a_2-a_1)/a_1$，$\Delta_{S\text{-}2,3}=(a_3-a_1)/a_1$，$\Delta_{S\text{-}2,4}=(a_4-a_1)/a_1$，$\Delta_{S\text{-}2,5}=(a_5-a_1)/a_1$；$\Delta_{S\text{-}3,1}=(a_1-a_1)/a_1$，$\Delta_{S\text{-}3,2}=(a_2-a_1)/a_1$，$\Delta_{S\text{-}3,3}=(a_3-a_1)/a_1$，$\Delta_{S\text{-}3,4}=(a_4-a_1)/a_1$，$\Delta_{S\text{-}3,5}=(a_5-a_1)/a_1$。

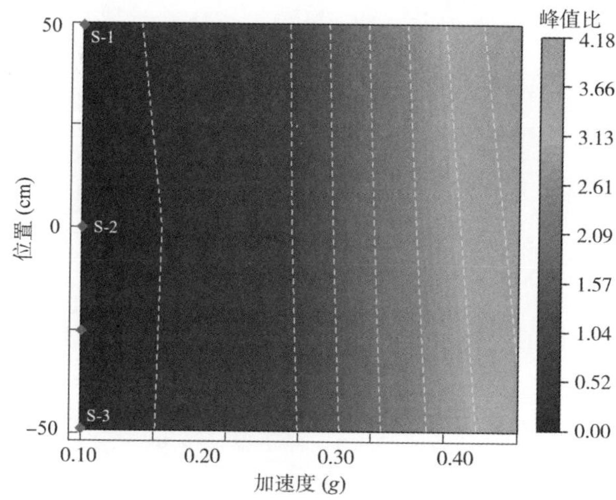

图 3-10　拱顶各测点加速度峰值比谱图

由图 3-10 可知，受上跨隧道影响，超小净间距小角度立体交叉下穿隧道拱顶加速度峰值比表现出更为明显的非线性、非平稳性增大的特点。当地震烈度从Ⅶ度（0.15g）增加到Ⅷ度（0.2g）时，交叉中心位置拱顶处加速度峰值比增长趋势最为显著；当地震烈度从Ⅷ度（0.2g）增加到Ⅷ度（0.3g）时，拱顶处加速度峰值比增加幅度最大；当地震烈度达到Ⅸ度时，交叉中心拱顶 S-2 处加速度峰值比均大于其余两特征点处，该烈度值时交叉段为明显的薄弱区，极易诱发拱顶隧道模型损坏。

3.2.2　仰拱动力响应特征

工作条件 2、4、6、8 和 10 分别为水平加载 0.1g、0.15g、0.2g、0.3g 和 0.4g 的

El-Centro 地震波，绘制在这 5 种工作条件下仰拱各测点的加速度峰值，如图 3-11 所示。

分析图 3-11，地震烈度越高，超小净间距小角度立体交叉下穿隧道仰拱峰值加速度响应越明显，当地震烈度从Ⅷ度（0.2g）增加到Ⅷ度（0.3g）时，各特征点处峰值变化尤为明显。不同地震烈度下，加速度峰值沿仰拱断面的分布呈"﹀"状，受上跨隧道影响，交叉中心位置处（S-5）仰拱峰值加速度响应均小于两侧特征点位置处，山侧位置（S-6）小于河侧位置（S-4），各特征点处加速度峰值由大到小依次为：河侧 > 山侧 > 交叉中心。

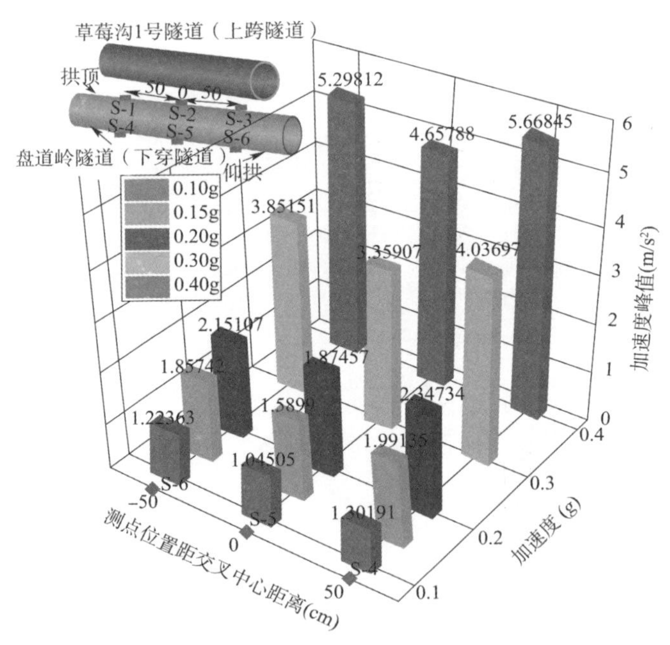

图 3-11 仰拱各测点在 5 种工作条件下的加速度峰值

提取图 3-10 中各测点的加速度峰值，其加速度峰值比 $\Delta_{i,j}$ 变化谱图如图 3-12 所示。

分析图 3-12 可知，受上跨隧道影响，超小净间距小角度立体交叉下穿隧道仰拱加速度峰值比总体呈增大态势，但表现出局部变化性质：在输入地震波为 0.1 ~ 0.2g 时，其峰值比呈现出非线性、小波幅增长的变化特征；在输入地震波为 0.2 ~ 0.4g 时，其峰值比近似呈现出线性、大波幅增长的变化特征，增长幅度是输入地震波为 0.1 ~ 0.2g 时的 3 倍。仰拱河侧位置处加速度峰值比增长幅度比其他两个特征点大，为明显的薄弱区，极易诱发仰拱隧道模型损坏。

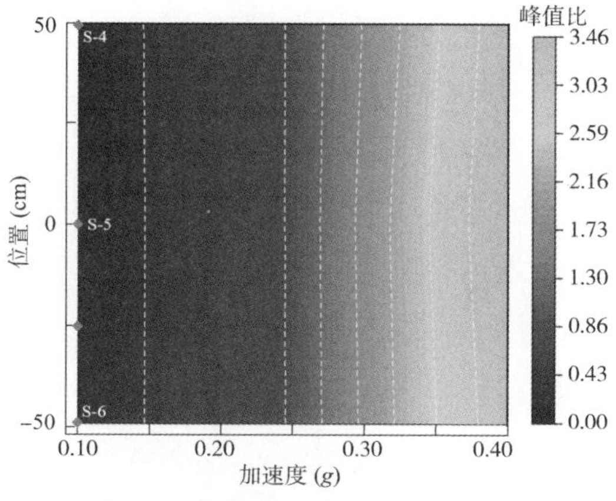

图 3-12　仰拱各测点加速度峰值比谱图

3.3 动应变响应分析

3.3.1 拱顶应变响应规律

工作条件 2、4、6、8 和 10 分别为水平加载 0.1g、0.15g、0.2g、0.3g 和 0.4g 的 El-Centro 地震波，绘制在这 5 种工作条件下拱顶各测点的应变峰值变化，如图 3-13 所示。

由图 3-13 可知，地震烈度越高，下穿隧道拱顶各特征点应变响应越大，不同地震烈度时，各特征点处应变峰值由大到小依次为：交叉中心(S-2) > 河侧(S-1) > 山侧(S-3)。当地震烈度由Ⅶ度升高到Ⅷ度，最大地震应变增幅达 1.18 倍；当地震烈度由Ⅷ度升高到Ⅸ度，最大地震应变增幅达 13%。

综上可知，受上跨隧道影响，超小净间距小角度立体交叉下穿隧道拱顶峰值加速度响应存在叠加效应，在交叉中心拱顶处表现尤为明显。随着地震烈度的不断提高，下穿隧道拱顶各特征点处加速度和应变峰值由大到小依次为：交叉中心 > 河侧 > 山侧。在地震作用下，超小净间距小角度立体交叉下穿隧道拱顶动态响应表现出交叉中心→河侧→山侧的破坏演化模式。

3.3.2 仰拱应变响应规律

工作条件 2、4、6、8 和 10 分别为水平加载 0.1g、0.15g、0.2g、0.3g 和 0.4g 的 El-Centro 地震波，绘制在这 5 种工作条件下仰拱各测点的应变峰值变化，如图 3-14 所示。

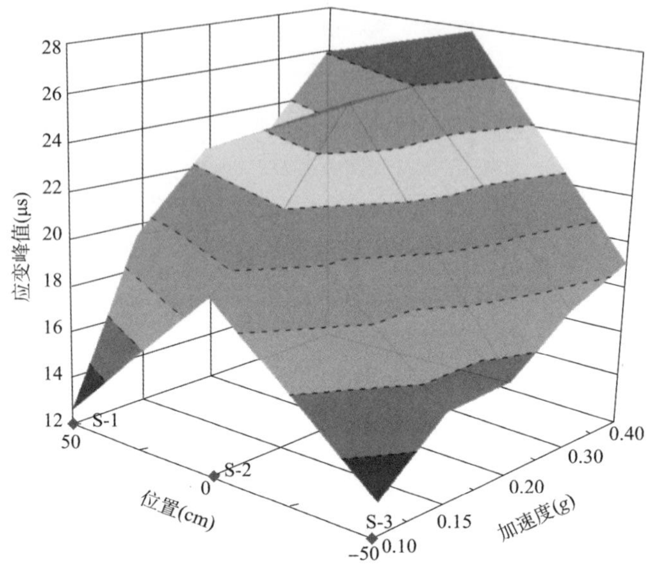

图 3-13 拱顶最大地震应变轴向变化

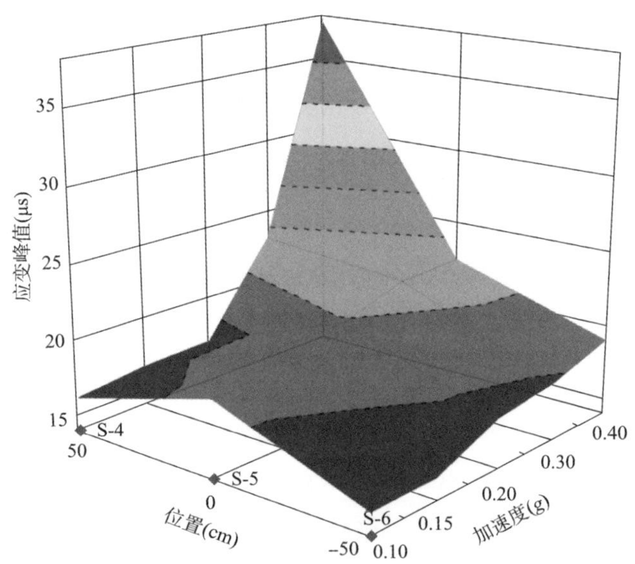

图 3-14 仰拱最大地震应变轴向变化

由图 3-14 可知，地震烈度越高，下穿隧道仰拱各特征点应变响应越大。当地震烈度从Ⅶ度（0.1g）增加到Ⅷ度（0.2g）时，最大地震应变增幅达 12%，各特征点处应变峰值由大到小依次为：交叉中心（S-2）>河侧（S-1）>山侧（S-3）。当地震烈度从Ⅷ度(0.2g)增加到Ⅸ度(0.4g)时,最大地震应变增幅达 1.7 倍,各特征点处应变峰值由大到小依次为:河侧(S-1) > 交叉中心(S-2) > 山侧(S-3)。

综上可知,当交叉中心位置输入地震波从 0.1g 增加到 0.2g 时,仰拱各特征点加速度峰值比增长变化几乎相同。当地震烈度从Ⅶ度(0.1g)增加到Ⅷ度(0.2g)时,各特征点处应变峰值由大到小依次为:交叉中心(S-2) > 河侧(S-1) > 山侧(S-3)。受上跨隧道影响,随着输入地震波的不断增大,超小净间距小角度立体交叉下穿隧道仰拱动态响应表现为交叉中心仰拱位置优先破坏演化模式。当输入地震波从 0.2g 增加到 0.4g 时,仰拱河侧位置处加速度峰值比和应变峰值增长幅度均比其他两个特征点大,为明显的薄弱区,下穿隧道仰拱动态响应表现出河侧→交叉中心→山侧的破坏演化模式。

3.4　环向动力响应特征

在上述试验数据分析基础上,选取下穿隧道环向断面交叉中心拱顶和仰拱的 S-2、S-5、S-7 和 S-8 特征点,以该场区沿线地震动峰值加速度 0.15g 加载工况为依据,对环向最大地震应变规律进行分析,根据有效频率加速度计的范围和输入的功率谱峰值,利用 SPECTR 程序对该工况山区超小净间距小角度立体交叉下穿隧道交叉中心拱顶、仰拱特征点(S-2 和 S-5)的时程变化做进一步分析,从而得到环向动力响应特征。

3.4.1　环向应变响应规律

下穿隧道环向断面应变峰值包络图见图 3-15。分析可知,地震烈度越高,下穿隧道的各特征点应变响应越大,各特征点处应变峰值由大到小依次为:拱顶 > 仰拱 > 河侧拱腰 > 山侧拱腰。不同地震烈度时,下穿隧道的最大地震应变均位于拱顶部位。当地震烈度由Ⅶ度升高到Ⅷ度,最大地震应变增幅达 18%;当地震烈度由Ⅷ度升高到Ⅸ度,最大地震应变增幅达 1.08 倍。当地震烈度为Ⅶ度或Ⅷ度时,由 0.1g 提高到 0.15g 或由 0.2g 提高到 0.3g,最大地震应变差异甚微。

3.4.2　环向加速度响应规律

下穿隧道环向加速度时程曲线见图 3-16,分析可知,在 0.15g 加载工况条件下,受上跨隧道影响,超小净间距小角度立体交叉下穿隧道交叉中心位置拱顶、仰拱加速度时程曲线不相同,有较为明显的差异,拱顶位置整体响应较仰拱大,受振有效持续时间较长，加速度峰值时刻基本保持一致。

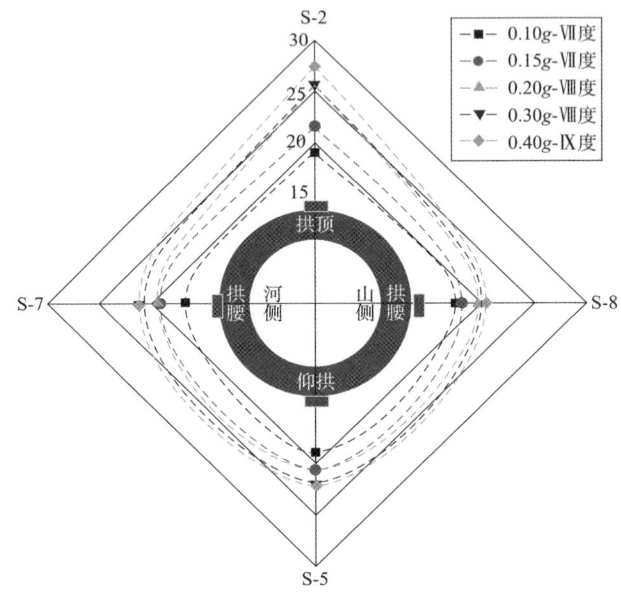

图 3-15　下穿隧道环向应变峰值包络图（单位：με）

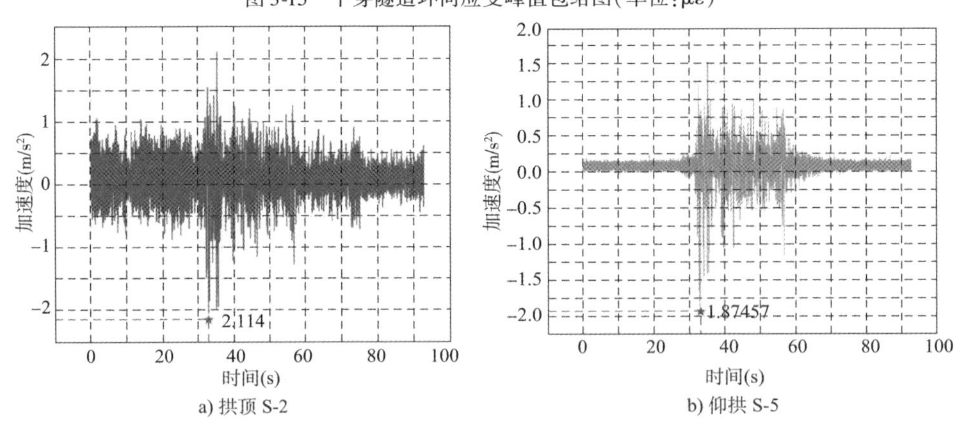

a) 拱顶 S-2　　b) 仰拱 S-5

图 3-16　下穿隧道环向加速度时程曲线

3.5　动力反应谱分析

为深入了解在基本地震动条件下，山区超小净间距小角度立体交叉上跨隧道在频域内不同阻尼比下加速度动态的变化规律，在前述分析的基础上，根据有效频率加速度计的范围和输入的功率谱峰值，利用 SPECTR 程序对该工况上跨隧道拱顶和仰拱特征点沿轴向的频谱曲线及不同阻尼比下的反应谱变化做进一步分析。

3.5.1　频谱曲线分析

图3-17所示为激振加速度峰值为0.15g时,交叉中心环向断面拱顶和仰拱在x单向激振下的实测加速度傅立叶谱。可以看出拱顶特征点S-2加速度频谱峰值为0.031m/s^2,仰拱特征点S-5加速度频谱峰值为0.022m/s^2,受立体交叉隧道影响,超小净间距小角度立体交叉下穿隧道加速度频谱峰值空间分布表现出拱顶峰值反应突出的特点。

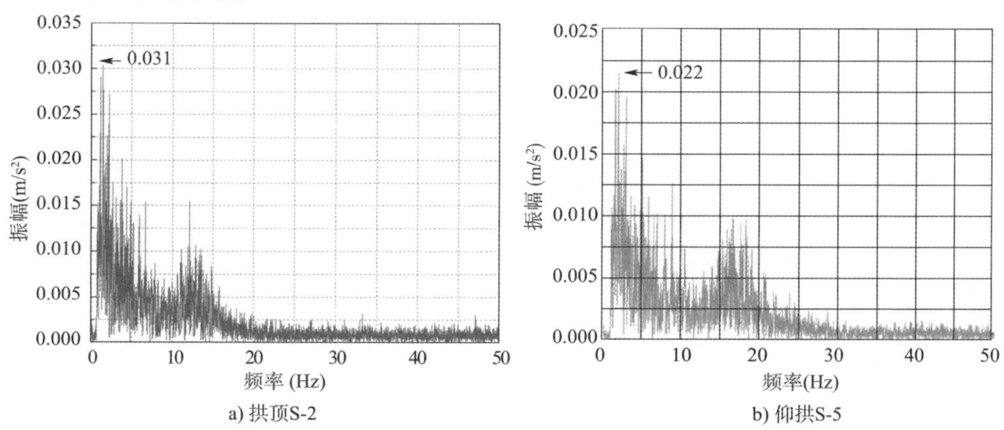

图3-17　下穿隧道加速度频谱曲线

加速度频谱曲线以基本地震动0.15g为例给出,受立体交叉隧道影响,超小净间距小角度立体交叉下穿隧道拱顶和仰拱的卓越频率集中在1～10Hz和11～20Hz两个频段,且拱顶谱值均大于仰拱谱值。说明台面输入的地震波经围岩和交叉隧道结构耦合作用后,上跨隧道的频谱成分、谱值发生了改变,频率未发生明显的差异。这是因为岩体材料的阻尼作用吸收了一部分地震波能量,隧道衬砌也可以吸收和反射一部分波的能量,围岩对地震波的高频段存在滤波作用。隧道结构相对较为安全,低频段(≤20Hz)地震波对隧道结构影响较大。

3.5.2　反应谱曲线分析

在上述时程和频谱变化分析基础上,利用SPECTR计算程序对该工况超小净间距小角度立体交叉下穿隧道交叉中心拱顶、仰拱特征点在5%、10%、20%、30%、40%不同阻尼比下的反应谱变化做进一步分析,其加速度时反应谱、速度反应谱和位移反应谱分别如图3-18～图3-20所示。

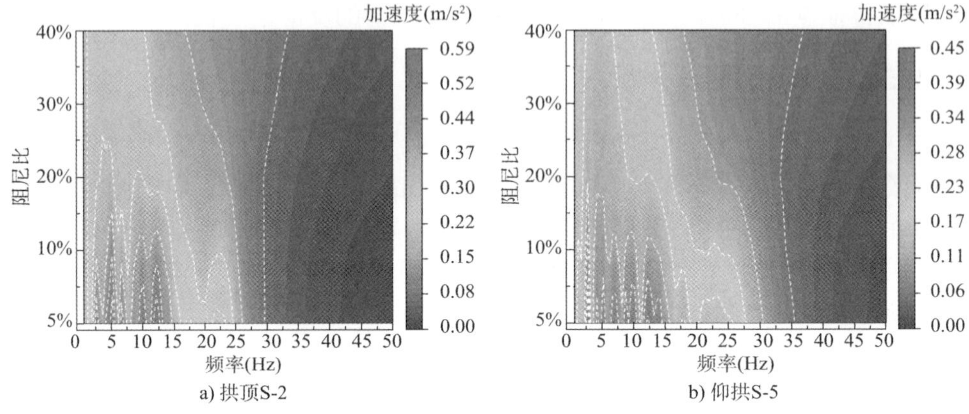

a) 拱顶S-2　　b) 仰拱S-5

图 3-18　不同阻尼比时的加速度反应谱

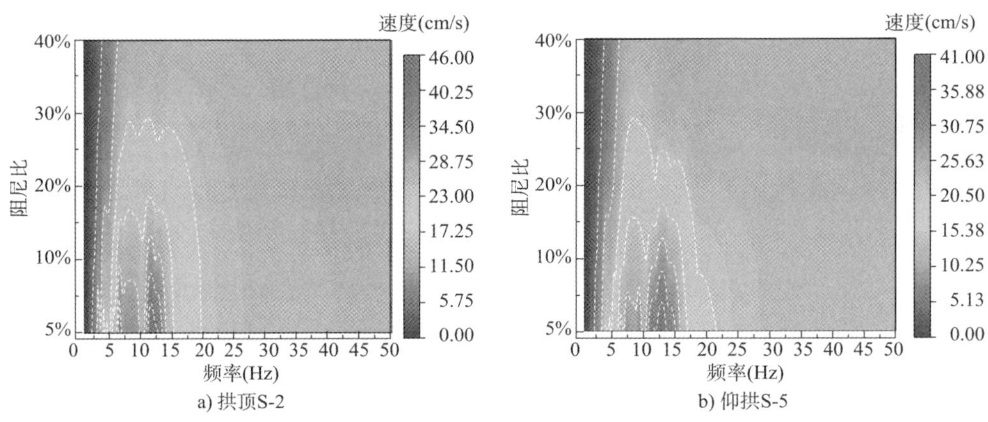

a) 拱顶S-2　　b) 仰拱S-5

图 3-19　不同阻尼比时的速度反应谱

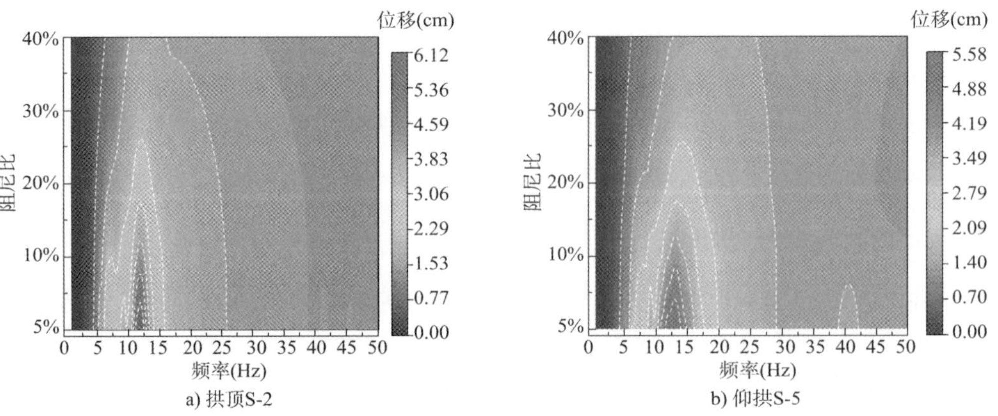

a) 拱顶S-2　　b) 仰拱S-5

图 3-20　不同阻尼比时的位移反应谱

从试验数据处理分析来看,在相同加载工作条件(0.15g)时,受上跨隧道影响,超小净间距小角度立体交叉下穿隧道交叉中心位置拱顶、仰拱加速度、速度、位移反应谱曲线不尽相同,增减变化差异明显,拱顶位置在设计周期下的相应振动响应均大于仰拱,均随着阻尼比增大而逐渐衰减。

分析反应谱可知,拱顶和仰拱加速度动力响应最大值的卓越频率分别为5Hz、12.5Hz,这与前述加速度响应的卓越频率有差异。这主要受地震波基频和阻尼的影响因素,在地震波基频范围内,阻尼的质量和刚度比例部分均会导致加速度、速度和位移变形在时间和空间上的差异变化。各特征点在阻尼比取值介于5%~20%时衰减变化最为显著,说明该段阻尼取值能够提升地震波在传播过程中的能量耗散,很好地保护了隧道结构物;阻尼比取值介于30%~40%时,反应谱曲线发生明显变化。随着周期延长,反应谱曲线变化较为恒定。宜鼓励设计过程中提高该隧道的阻尼性能。从经济和安全性等方面综合考虑,阻尼比建议值为20%。

3.6 小　　结

本节通过对山区斜交型立体交叉隧道的地震应变规律进行分析,并对交叉中心拱顶和仰拱位置的反应谱分布规律进行对比分析和研究,得到以下结论:

①受立体交叉隧道空间位置影响,超小净间距小角度立体交叉下穿隧道加速度时程和频谱整体响应比仰拱大,受振有效持续时间较长,空间分布表现出拱顶峰值反应突出的特点。

②地震烈度越高,拱顶峰值加速度响应越明显,且存在叠加效应,其加速度峰值比表现出明显的非线性、非平稳增大的特点。交叉中心拱顶S-2处加速度峰值比均大于其余两特征点处,为明显的薄弱区,极易诱发拱顶隧道模型损坏。随着地震烈度的不断提高,应变响应增大。下穿隧道拱顶各特征点处加速度和应变峰值由大到小依次为:交叉中心>河侧>山侧。拱顶破坏模式表现出交叉段→河侧→山侧的破坏演化形式。

③随着输入地震波增强,动应变和加速度峰值比总体呈增大态势。当输入地震波从0.1g提高到0.2g,仰拱动态响应表现为交叉中心仰拱位置优先破坏演化模式。当输入地震波从0.2g增加到0.4g时,仰拱动态响应表现出河侧→交叉中心→山侧的破坏演化模式,增长变化表现出局部变化性质。

④隧道围岩对地震波的高频段存在滤波作用,对隧道结构影响较大的卓越主频段集中在1~10Hz和11~20Hz两个低频段,主频段卓越频率的取值为5Hz、

12.5Hz。

⑤分析试验数据可知,地震烈度越高,下穿隧道的各特征点应变响应越大,不同地震烈度时,各特征点处应变峰值由大到小依次为:拱顶 > 仰拱 > 河侧拱腰 > 山侧拱腰。加速度响应的卓越频率与速度、位移响应三者受基频和阻尼影响,从而产生时间和空间等的差异变化。拱顶位置在设计周期下的相应振动响应均大于仰拱,均表现出随着阻尼比增大而逐渐衰减,且阻尼比小于 20% 时衰减变化最为显著,阻尼比介于30% ~40% 时反应谱曲线发生明显分异。随着周期延长,反应谱曲线变化较为恒定。宜鼓励设计过程中提高该隧道的阻尼性能,阻尼比建议值为 20% 。

第 4 章

正交型立体交叉隧道地震动力响应

本章以草莓沟 2 号隧道下穿盘道岭公路隧道为工程依托，选取典型的山区正交型立体交叉隧道工程，在水平向（x 单向）、水平-竖直双向耦合（x、z 双向）两种汶川地震波的作用下，开展 3 种地震烈度（Ⅶ ~ Ⅸ度）、5 种地震波加载峰值（0.10 ~ 0.40g）下的 10 种工况的大型振动台试验，对比分析山区正交型立体交叉隧道在不同方向地震波作用下的振动加速度响应变化；以地震波峰值 0.20g（地震烈度为Ⅷ度）工况为例，采用以 Morlet 小波为基函数的连续小波变换方法，分析上跨隧道仰拱及下穿隧道拱顶振动响应的频谱特性，探讨隧道结构在地震荷载作用下的频谱分布规律，以期为类似工程的地震动力特性研究提供理论参考[73-74]。

4.1 振动台模型试验设计

振动台系统及其参数、相似参数、相似设计、模型相似材料制作与试验同斜交型立体交叉隧道模型相同（见第 3.1 节），此处不再赘述。模型三维设计图如图 4-1a）所示，实际填筑完成的模型如图 4-1b）所示。本章研究对象为模型左幅正交型立体交叉隧道。

4.1.1 试验加载方案

汶川地震波为距离原型隧址区相对较近的强震记录，因此被选为试验加载的地震波类型。试验时，以水平单向（x 单向）和水平-竖直耦合双向（x、z 双向）分别向模型加载汶川地震波。其中，x、z 双向加载时，2 个方向同时输入峰值相同的地震波。

为了明确加载地震波的时频特性等详细信息，需对其基本特性进行分析。考虑对模型 x 单向输入峰值 0.15g 的地震波，绘制并分析此时台面附近采集到的振动加速度时程曲线及相应的傅立叶频谱，为后续进一步分析振动加速度响应提供基础参考。得到的汶川地震波振动加速度时程曲线及傅立叶频谱如图 4-2 所示。

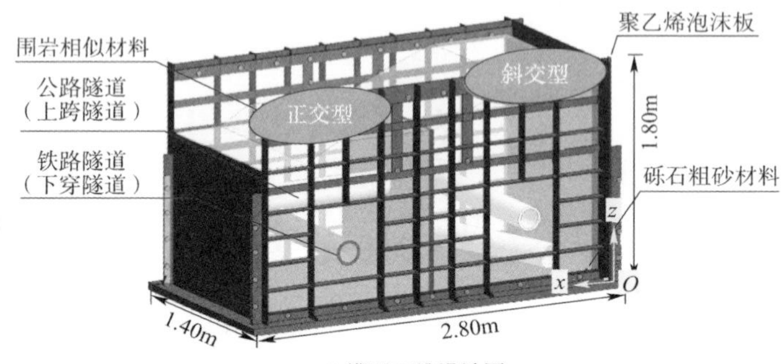

a) 模型三维设计图

b) 现场实际模型图

图 4-1　模型

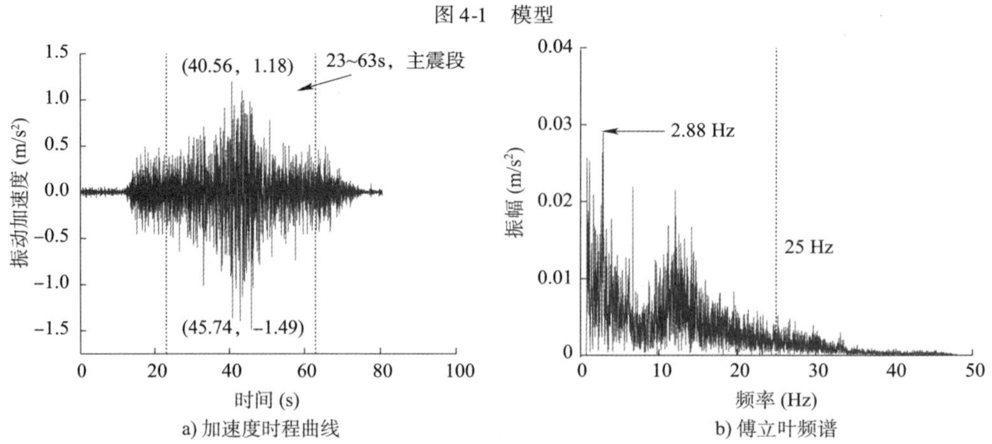

a) 加速度时程曲线　　b) 傅立叶频谱

图 4-2　汶川地震波振动加速度时程曲线及傅立叶频谱

由图 4-2 可知：当加载峰值 0.15g 的汶川地震波时，试验台台面附近测点的振动加速度峰值为 1.18m/s^2，出现在 40.56s，主震由约 23s 持续到约 63s，持续时间约为 40s；傅立叶频谱表明，此时汶川地震波的卓越频率为 2.88Hz，且超过 25Hz 地震波的峰值基本趋向于 0。

分别在 x 单向和 x、z 双向，按Ⅶ ~ Ⅸ度的地震烈度，采用由小震至大震多次连续模式，分别加载峰值为 0.10g、0.15g、0.20g、0.30g 和 0.40g 的汶川地震波并提取对应的测试数据，分析不同加载工况下各测点处的振动加速度响应变化。当输入地震波的方向及峰值改变时，输入正弦扫频以测试模型动力特性变化。汶川地震波的具体加载顺序如图 4-3 所示，图中：GK1、GK3 分别表示 x 单向输入峰值为 0.10g、0.15g 的地震波，GK2、GK4 分别表示 x、z 双向输入峰值为 0.10g、0.15g 的地震波，其余类推。

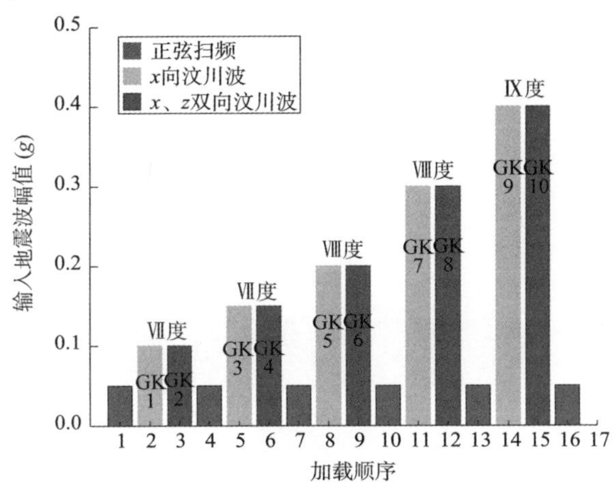

图 4-3　汶川地震波加载顺序

地震波的逐步加载可能会导致土体特性发生改变，但考虑到多数情况下隧道结构需要承受频繁的中小地震荷载，且强震时也会伴有多频次的较小余震，因此有理由认为隧道结构的震害破坏是在反复地震荷载作用下产生的，这也说明本试验所采用的加载方式可能更贴合实际工程情况。

4.1.2　试验测试仪器安装及测试方案

为着重分析正交型立体交叉隧道空间动力响应特征，选取下穿隧道及上跨隧道的拱顶和仰拱为研究对象，在相应断面分别选择测点，测点编号及位置见表 4-1 和图 4-4a)。在每个测点布设泰斯特 TST120A500 内置阻抗加速度传感器，加速度传感器参数为:量程10g,灵敏度500mV/g,频响范围0.2~2500Hz。

此外,对正交型立体交叉隧道影响区段环向及轴向动应变进行了分析,为获取隧道环向地震响应规律,主要在隧道交叉段中心断面(上跨隧道为Ⅰ号断面,下穿隧道为Ⅰ′号断面)选取拱顶、拱腰、墙脚、仰拱中心共4个特征点设置传感器测量隧道的地震响应。并在距Ⅰ号断面影响范围30cm处分别布设2个环向断面(Ⅱ号、Ⅲ号及Ⅱ′号、Ⅲ′号断面),只在拱顶及仰拱处布置动态应变片。具体布设方式如图4-4b)所示。动应变片的敏感网格尺寸为9.8mm×3.0mm,底座尺寸为15.5mm×5.0mm,敏感系数为2.0~2.20,温度范围为-30~80℃。

加速度传感器编号及相关位置 表4-1

河　侧	交　叉　段	山　侧	距模型箱底面距离(mm)
SA1	SA2	SA3	920
SA4	SA5	SA6	720
XA1	XA2	XA3	570
XA4	XA5	XA6	370

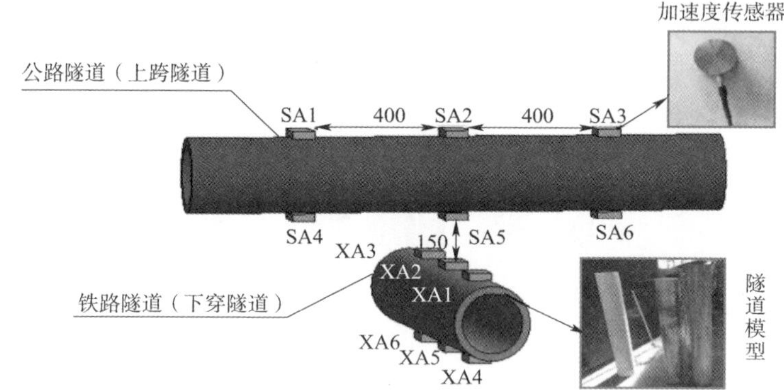

a) 加速度传感器布设(尺寸单位：mm)

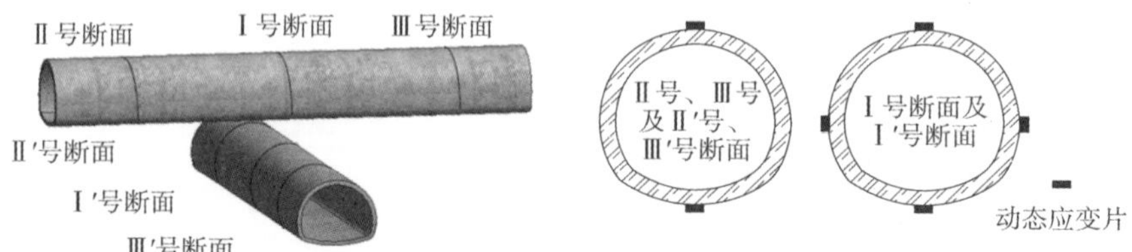

b) 应变片布置

图4-4　传感器布设

4.2　加速度响应分析

4.2.1　x 单向地震波加载作用下的振动加速度响应

按不同地震烈度,依次在水平向(x 单向)加载峰值为 0.10g、0.15g、0.20g、0.30g 和 0.40g 的汶川地震波,并分别提取测试数据,绘制这 5 种汶川地震波加载工况下立体交叉隧道在河侧、交叉段及山侧各测点处的振动加速度峰值谱变化曲线,如图 4-5 所示。图 4-5 中,横坐标仅代表加载的地震波峰值,虚线为振动加速度峰值谱值分界线;图 4-5b)中 2 条辅助线之内的区域表示两隧道交叉段。

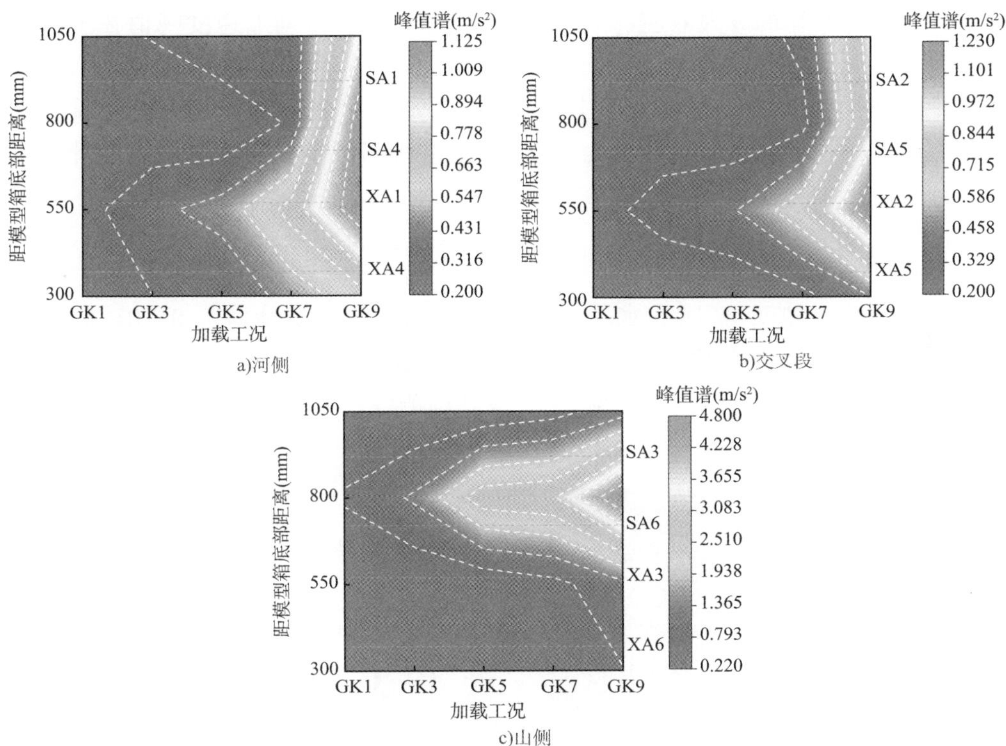

图 4-5　x 单向加载时立体交叉隧道振动加速度峰值谱

由图 4-5 可得到如下结论:

①x 单向输入地震波时,随地震烈度的增大,立体交叉隧道各测点处的振动加速度响应呈现非线性式增长,沿高程基本出现明显的尖点。地震波峰值分别取

0.10g、0.15g 和 0.20g(地震烈度为Ⅶ～Ⅷ度)的加载工况下，振动加速度峰值谱变化较平缓，以交叉段下部隧道拱顶的 XA2 测点为例，其振动加速度峰值谱仅由 0.27m/s^2 增大至 0.44m/s^2；而当地震波峰值由 0.30g 增大到 0.40g(地震烈度为Ⅷ～Ⅸ度)，XA2 测点处的振动加速度峰值谱从 0.44m/s^2 增大至 1.23m/s^2，增幅较为明显。

②不同加载顺序下，不同测点处的振动加速度峰值谱变化规律不同。对于立体交叉隧道的河侧及交叉段，地震动力响应在下穿隧道拱顶处最为明显，其次为上跨隧道仰拱处。以加载峰值为 0.40g 的地震波时的交叉段为例，SA2、SA5、XA2、XA5 测点处的振动加速度峰值谱分别为 0.91m/s^2、0.86m/s^2、1.23m/s^2、0.45m/s^2，除下穿隧道拱顶处 XA2 测点外，其余各测点振动加速度随距离模型箱底面高度的增加而表现出明显的放大效应。对于交叉隧道的山侧，振动加速度峰值在上跨隧道仰拱处达到最大，其次为下穿隧道拱顶处。这说明在地震过程中，受到围岩的挤压及地震波折射、散射效应在空间中形成的振动加速度叠加效应，上跨隧道仰拱处及下穿隧道拱顶处的振动往往更为剧烈，因此这些部位应成为隧道抗震设计的重点关注对象。

4.2.2 x、z 双向地震波加载作用下的振动加速度响应

按不同地震烈度，依次在水平-竖直向(x、z 双向)加载峰值为 0.10g、0.15g、0.20g、0.30g 和 0.40g 的汶川地震波，并分别提取测试数据，绘制这 5 种汶川地震波加载工况下立体交叉隧道在河侧、交叉段及山侧各测点处的振动加速度峰值谱，如图 4-6 所示。

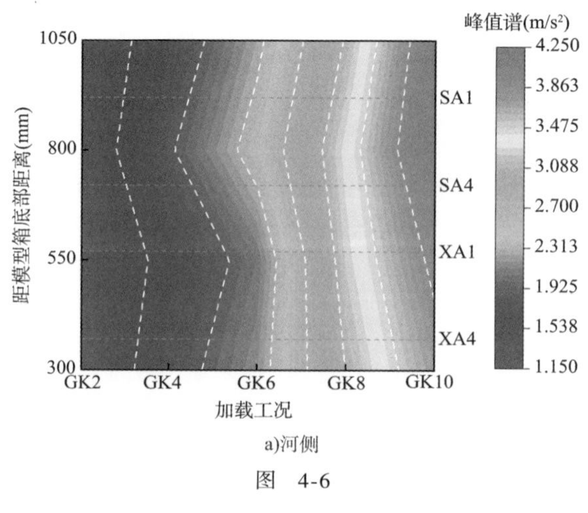

a)河侧

图 4-6

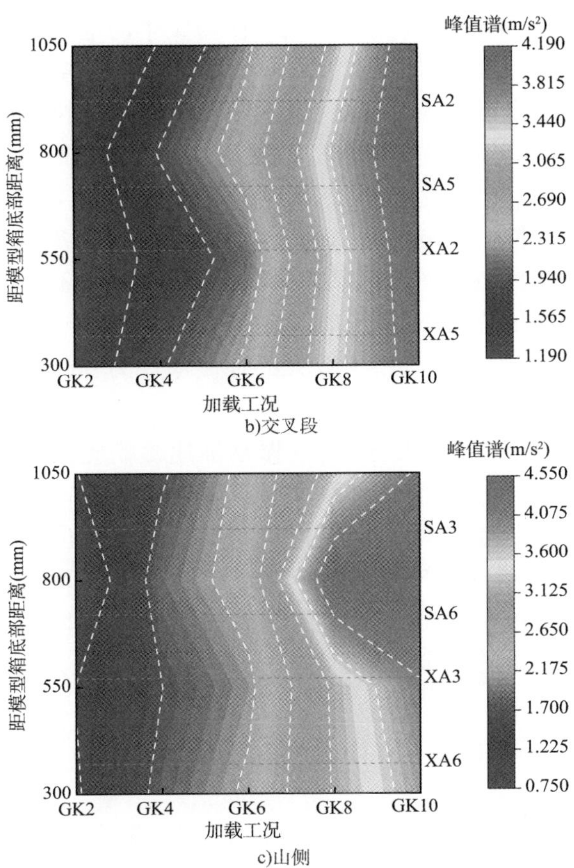

b)交叉段

c)山侧

图 4-6　x、z 双向加载时立体交叉隧道振动加速度峰值谱

由图 4-6 可得如下结论。

①在 x、z 双向输入地震波时，随地震烈度的增大，立体交叉隧道空间不同位置各测点处的振动加速度响应呈现非线性式增长，沿高程基本呈平缓微增的“S”状。地震波峰值取 0.10g、0.15g 和 0.20g（地震烈度为Ⅶ～Ⅷ度）的加载工况下，振动加速度峰值谱变化较为缓慢，以交叉段下部隧道拱顶的 XA2 为例，其振动加速度峰值谱仅由 1.24m/s^2 增大至 2.10m/s^2；而当地震波峰值由 0.30g 增大到 0.40g（地震烈度为Ⅷ～Ⅸ度），振动加速度峰值谱从 2.10m/s^2 增大至 4.09m/s^2，增幅较为明显。这是因为随着地震波的加载，坡体围岩累积损伤效应增强，地震能量被逐渐消耗，导致裂缝增多，围岩的滤波效应也较为明显。

②对比 x 单向地震波加载，可以看出当地震波加载峰值相同时，x、z 双向加载情况下的振动加速度峰值谱远大于 x 单向加载。当汶川地震波以 x、z 双向输入

时，不同测点处的振动加速度峰值谱变化规律与 x 单向输入时有所不同。在立体交叉隧道河侧、交叉段及山侧各测点处的振动加速度峰值谱表现出相同的规律，即上跨隧道仰拱处的动力响应最为明显，其次为上跨隧道的拱顶处及下穿隧道的拱顶处，下穿隧道的仰拱处最小。同样以加载 0.40g 地震波时的交叉段为例，SA2、SA5、XA2、XA5 测点处的振动加速度峰值谱分别为 4.14m/s^2、4.19m/s^2、4.09m/s^2、3.98m/s^2，除上跨隧道仰拱处 SA5 测点外，其余各测点振动加速度随距离模型箱底高度的增加而表现出明显的放大效应，这是由于交叉段中心为上跨隧道仰拱与下穿隧道拱顶的交集点，受地震波传播特性的影响，该点可能会产生复杂的反射及散射（叠加）现象，并会产生较大的地震惯性力，导致围岩的刚度减小，因此该部位属于震害破坏的重点部位。

由于立体交叉隧道结构的复杂性，其振动加速度响应分布表现出明显的空间特性，使原本简单的地震入射波在交叉段围岩内产生折射和反射叠加，从而产生振动加速度效应的叠加，导致在上跨隧道仰拱与下穿隧道拱顶交叉段的地震响应更加明显。同时也发现，在 x 单向加载汶川地震波时立体交叉隧道的振动加速度叠加效应以下穿隧道拱顶为主，而 x、z 双向加载汶川地震波时立体交叉隧道的振动加速度叠加效应以上跨隧道仰拱为主。

4.3 动应变响应分析

需要说明的是本节针对的是正交型立体交叉隧道，仅分析加载 x 单向汶川地震波时隧道结构的动应变响应。

4.3.1 上跨隧道应变响应分析

4.3.1.1 环向应变

对不同工况下交叉段中心断面（Ⅰ号断面）环向应变的试验结果进行比较分析，如图 4-7 所示。结果表明在输入不同峰值的地震波时，各工况下的应变峰值都显示出基本相同的规律：随着输入地震波峰值的增加，各测点的应变峰值随之增大，应变峰值包络圈逐渐向外扩散。各测点的应变峰值按由大到小排序为：仰拱 > 左边墙 > 拱顶 > 右边墙。当地震波峰值达到 GK9 时，仰拱的应变峰值发生突变，说明仰拱发生破坏。

以工况 1（0.1g）各测点峰值为基准，各工况的放大系数如图 4-8 所示。可以看出：拱顶放大系数最大值为 2.29，表明上跨隧道仰拱对于地震荷载响应最为敏感,其次为边墙,拱顶最弱。其原因是加载方向为隧道横断面方向,隧道边墙最先受到地震荷载作用,因此表现较为明显,而仰拱表现最明显的原因可能是下跨隧道的作用。

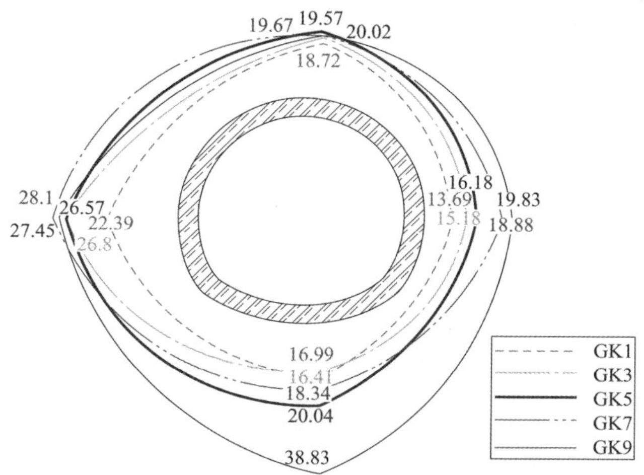

图4-7 上跨隧道环向应变峰值包络圈(单位:με)

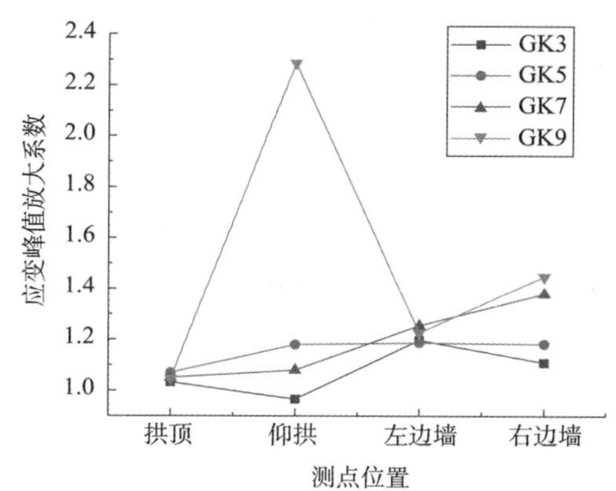

图4-8 上跨隧道应变峰值放大系数

4.3.1.2 轴向应变

通过对上跨隧道拱顶及仰拱各测点在不同工况下应变峰值的分析可得:沿拱顶轴向,Ⅱ号断面的应变峰值最大,交叉段中心Ⅰ号断面应变峰值与Ⅲ号断面应变峰值接近,这是由于隧道沿线地质以及隧道埋深导致的;Ⅲ号断面应变峰值随输入地震波峰值的增大逐渐增大;上跨隧道三个断面拱顶位置对地震波的响应基本一致。

沿仰拱轴向,三个断面应变峰值随输入地震波峰值增加而增加(图4-9),在峰值达到0.3g之前时,Ⅱ号断面的应变峰值最大,而交叉段中心Ⅰ号断面应变峰值在GK9时突然变大,表明地震烈度较高时,交叉段影响范围内交叉中心断面拱顶对应变响应较为强烈。

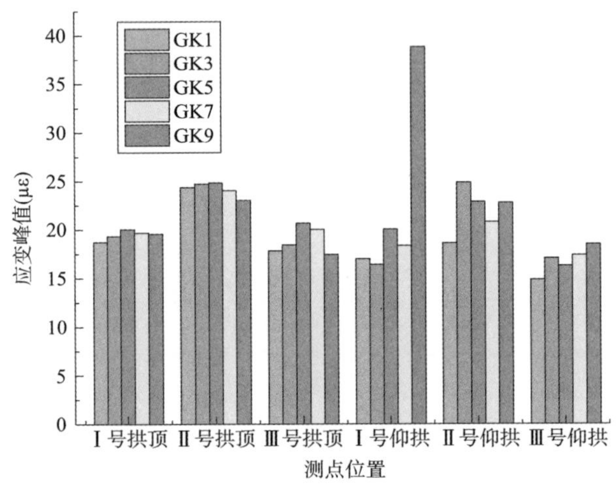

图4-9 上跨隧道轴向应变峰值

4.3.2 下穿隧道应变响应分析

4.3.2.1 环向应变

下穿隧道各工况下环向应变峰值包络圈如图4-10所示。由图中可以看出,在GK1及GK3时,各测点应变峰值由大到小为:拱顶 > 左边墙 > 右边墙 > 仰拱。在GK5及GK7时,各测点应变峰值由大到小为:边墙 > 拱顶 > 仰拱。在GK9时,各测点应变峰值由大到小为:边墙 > 仰拱 > 拱顶。与上穿隧道相比,拱顶应变峰值略有增大,原因可能是地震波在两隧道之间反射及绕射导致其响应增大。同时,边墙应变峰值有明显增大,其原因是加载方向为隧道横断面方向,隧道边墙最先受到地震荷载作用以及上跨隧道的影响。

对比上跨隧道及下穿隧道的环向应变峰值,可以发现在地震烈度较小时,两交叉隧道的应变峰值基本持平;但当地震烈度较高时,下穿隧道的应变峰值远大于上跨隧道,上跨隧道各测点应变峰值与下穿隧道的百分比:边墙为10.9%,拱顶为94%,仰拱为105%。这是由于交叉段中心断面之间的相互影响,上跨隧道的存在加强了地震对下穿隧道的动力响应,且对下穿隧道边墙的加强作用最为明显。

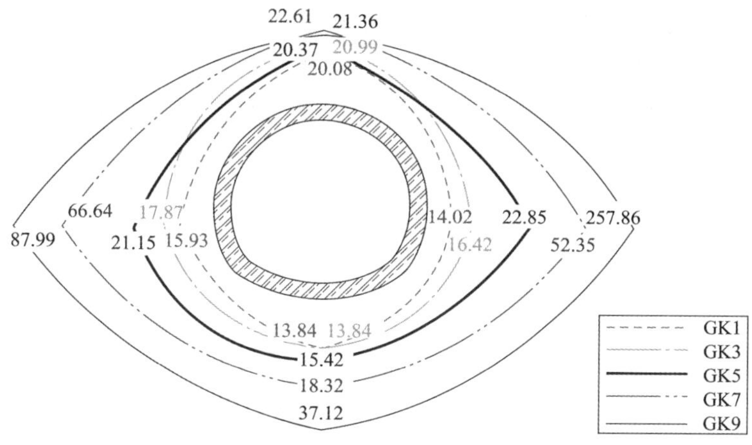

图 4-10　下穿隧道环向应变峰值包络圈(单位:με)

以工况 1(0.1g)各测点峰值为基准,各测点应变峰值放大系数见图 4-11,可以看出,边墙处应变峰值放大系数最大(为 18.36),表明下穿隧道边墙对于地震荷载响应最为敏感。而拱顶与仰拱应变峰值放大系数较小,原因是加载方向为隧道横断面方向,隧道边墙最先受到地震荷载作用,应变峰值放大最为强烈。另外由于上跨隧道仰拱处的应力作用,导致下穿隧道的拱顶部位响应较小。

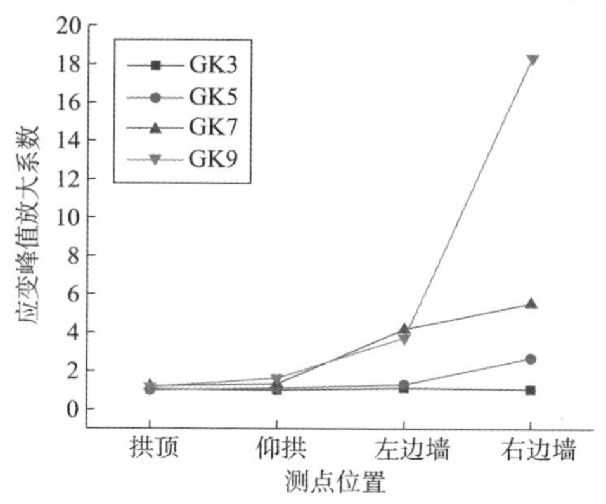

图 4-11　下穿隧道应变峰值放大系数

4.3.2.2　轴向应变

通过对下穿隧道拱顶及仰拱各测点在不同工况下轴向应变峰值(图 4-12)的分析可得:沿拱顶轴向,交叉段中心Ⅰ号断面应变峰值基本大于影响范围两侧Ⅱ号及Ⅲ号断面;Ⅰ号断面与Ⅲ号断面应变峰值随加载地震波峰值增加而缓慢增大,且均在 GK7 时达到各自的最大值;Ⅱ号断面应变峰值随加载地震波峰值增加,先增大后减小，在 GK3 时达到最大值，原因可能是地震波在两隧道之间反射及绕射导致其响应增大。总的来看：下穿隧道交叉段中心Ⅰ号断面拱顶对应变响应最为强烈；其次为影响范围内右侧的Ⅱ号断面，但波动变化较大；Ⅲ号断面的动力响应最小。

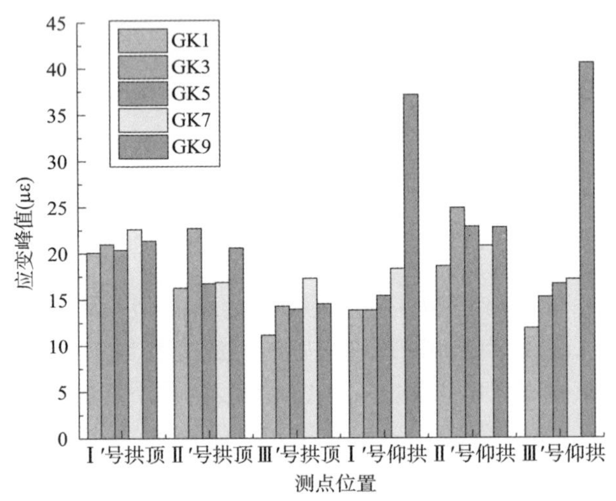

图 4-12　下穿隧道轴向应变峰值

沿仰拱轴向，Ⅰ号断面及Ⅲ号断面应变峰值随输入地震波峰值增加而增大，均在 GK9 时突然增大，表明此时已发生破坏。Ⅱ号断面应变峰值随输入地震波峰值增加而增加，在 GK3 时达到最大值，随后基本保持稳定，结合拱顶分析，说明Ⅱ号断面在 GK3 时已经发生破坏。上跨隧道仰拱应变的响应情况为：Ⅲ号断面 > Ⅰ号断面 > Ⅱ号断面；但Ⅱ号断面的破坏先于Ⅰ号断面及Ⅲ号断面。

4.3.3　上跨与下穿隧道应变响应对比分析

4.3.3.1　环向应变

通过对上述两交叉隧道交叉中心断面的环向应变峰值（图 4-13）的分析发现：下穿隧道环向应变峰值整体大于上跨隧道；下穿隧道边墙部位环向应变峰值最大，下穿隧道仰拱部分次之，上跨隧道仰拱与左边墙部分较小，上跨隧道与下穿隧道的拱顶部位应变峰值最小，说明下穿隧道仰拱与边墙对地震荷载的响应最为强烈；上跨隧道的仰拱对地震荷载的响应较为强烈，而上跨与下穿隧道拱顶部位在地震荷载作用下较为稳定。分析原因，是地震波由下向上传递，下跨隧道的边墙是最先接触地震波的部位，因此此处的响应最为强烈；随着地震波向上传递，能量衰减，使得上跨隧道的应变响应比下穿隧道小;同时,上跨隧道的存在对两隧道交叉段的围岩产生影响,使下穿隧道拱顶部位周围围岩产生挤密效果,减小了下穿隧道拱顶处对于地震荷载的动力响应,因此导致上跨隧道的仰拱部位响应较大而下穿隧道的拱顶处却较为稳定。

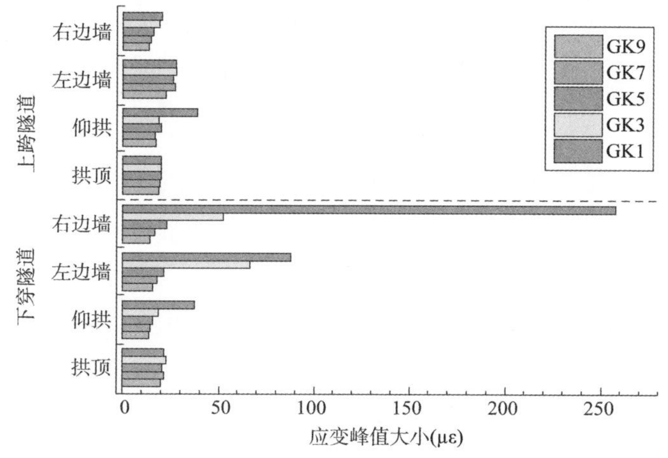

图 4-13　上跨与下穿隧道交叉中心断面环向应变峰值对比

通过对上述两交叉隧道交叉中心断面的环向应变峰值发生突变的工况进行对比分析发现:上跨隧道左边墙在 GK3 时就发生突变,但突变幅度不大且发生突变后保持稳定;下穿隧道的边墙在 GK7 发生突变;上跨仰拱部分与下穿隧道仰拱部分均在 GK9 发生突变。分析其原因:上跨隧道左边墙部分在 GK3 时发生突变但幅度不大且突变后稳定,可能是试验误差或填土不密实导致;下穿隧道边墙在 GK7 发生突变而上穿隧道在 GK9 发生突变是由于地震波由下向上传播导致的且随着传播能量消耗导致。同属于下穿隧道,边墙部位突变发生在 GK7 而仰拱突变发生在 GK9,是由于此时施加的地震波为 X 向,边墙最先接触因此导致边墙部位先发生变化。

4.3.3.2　轴向应变

通过对上述两交叉隧道交叉中心断面的环向应变峰值(图 4-14)进行对比分析发现:下穿隧道轴向应变峰值整体大于上跨隧道,且上跨隧道仰拱轴向应变峰值最大,上跨隧道仰拱次之,上跨隧道与下穿隧道拱顶轴向应变峰值最小。下穿隧道轴向应变峰值整体大于上跨隧道部分轴向应变峰值是由于地震波由下向上传播的规律以及下穿隧道对上跨隧道的支撑作用导致的。仰拱部位应变峰值大于拱顶部位应变峰值是由于地震波由下向上传播中能量的削减导致的。

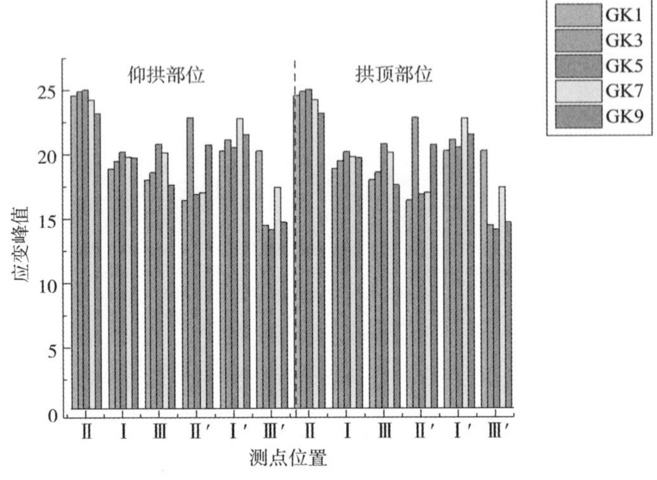

图 4-14 上跨与下穿隧道轴向应变峰值对比图

4.4 动力反应谱分析

4.4.1 连续小波变换分析

通过对频谱的分析,可以得到卓越频率和频带的相关信息,从而更清楚地了解地震波传播过程的频率和能量分布特征。在工程应用中,应避免主频带内的地震波与结构共振。因此,为了更详细地研究隧道的地震反应和频谱特征,为工程实践提供相关的理论参考,引入小波变换(WT)这一能够表征地震波在时域局部特征的数学工具。小波变换允许多分辨率分析,并可用于揭示信号在时域和频域的局部特征。小波变换是一个具有零平均值的数学函数,可在时间和频域中局部化。利用小波基函数对信号进行平移和缩放,并随时间指标的变化,可以集中于任意位置,得到信号的所有细节。小波变换公式如下:

$$F(a,b) = \int_{-\infty}^{\infty} f(t)\psi^{*}(t;a,b)\,\mathrm{d}t \tag{4-1}$$

$$\psi(t;a,b) = \frac{1}{\sqrt{a}}\psi\left(\frac{t-b}{a}\right) \tag{4-2}$$

式中:$f(t)$——时域信号;

$\psi(t;a,b)$——小波基函数;

“$*$”——共轭运算;

t——时间；

a——平移因子；

b——伸缩因子。

连续小波变换(Continuous Wavelet Transform,CWT)通过小波基函数的平移和伸缩操作,可以对信号进行多尺度分析,CWT 更适合于信号的提取特征。通过连续的小波变换可以得到信号在任何尺度任何时间上的频率信息。本次采用在时频联合域内具有最好分辨率的解析小波——Morlet 小波,同时该小波基函数也具有较高的峰值聚集性,其函数表达式为:

$$\psi(t) = \sqrt[4]{\frac{1}{\pi}}\cos(2\pi f_0 t)\mathrm{e}^{-\frac{t^2}{2}} \tag{4-3}$$

式中:f_0——小波基函数的中心频率,$f_0 = 0.8125$,$2\pi f_0$ 称为小波波数(一般情况下取整数,这里取 5)。

Morlet 小波波形如图 4-15 所示。

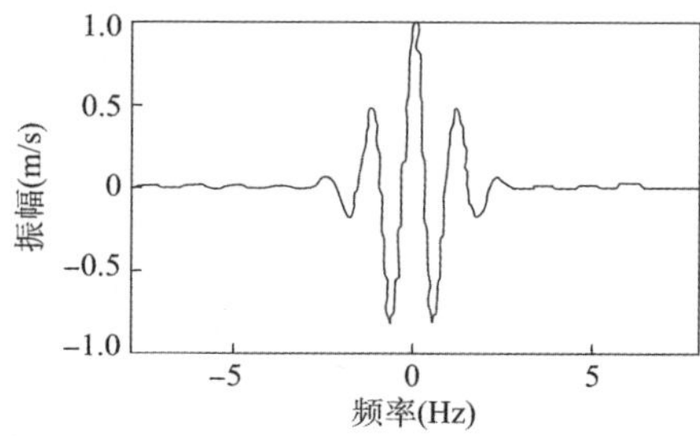

图 4-15　Morlet 小波波形

由于交叉区段的存在可能会对隧道结构产生一定的影响,所以本次主要研究正交型立体交叉隧道交叉区段的动力响应及频谱特性,对上跨隧道交叉区段中心断面仰拱处(SA5 测点)及下穿隧道交叉区段中心断面拱顶处(XA2 测点)采用 Morlet 小波进行连续小波变换并对其频谱进行分析。通过上述对各加载工况下加速度峰值的分析,发现无论加载 x 单向及 x、z 双向汶川地震波时,当达到 0.2 ~ 0.3g 时(Ⅷ度),其地震动力响应会发生改变,鉴于此,选取 x 单向 0.2g(Ⅷ度)的加载工况为分界点进行分析。由于变换尺度对 Morlet 小波是一个重要参数,为了充分考虑不同尺度下的频谱变化,本次拟取尺度矢量分别为 1、2、5、10、20、50、100、200、500、1000。

4.4.2　上跨隧道仰拱的连续小波变换分析

x 单向加载峰值为 0.20g 的汶川地震波时,对上跨隧道仰拱处 SA5 测点处的振动加速度时域曲线进行 CWT 分析,绘制其小波分解图及相应的频谱曲线,得到上跨隧道仰拱的原始振动加速度信号在不同尺度、不同位置处的时域及频率特征，如图4-16所示。

由图4-16可以看出上跨隧道仰拱处原始信号在不同尺度、不同位置的加速度及频率特征。对于上跨隧道交叉中心断面仰拱SA5测点的加速度动力响应来说，在原始信号的4～50Hz内主要是小尺度频率响应较为明显，在加载后的40～60s内加速度响应较为强烈。另外也可以看出，当变换尺度取值较小时，Morlet小波变换的时域相对较窄，频域较宽；而当变换尺度取值较大时，规律正好相反，其时域相对较宽而频域相对较窄。为了更加明显表示出其加速度峰值响应与频率的关系，主要对小尺度(1、2、5、10、50)下的CWT进行分析，将结果中的加速度峰值及对应频谱的卓越频率提取出来，具体如表4-2所示。

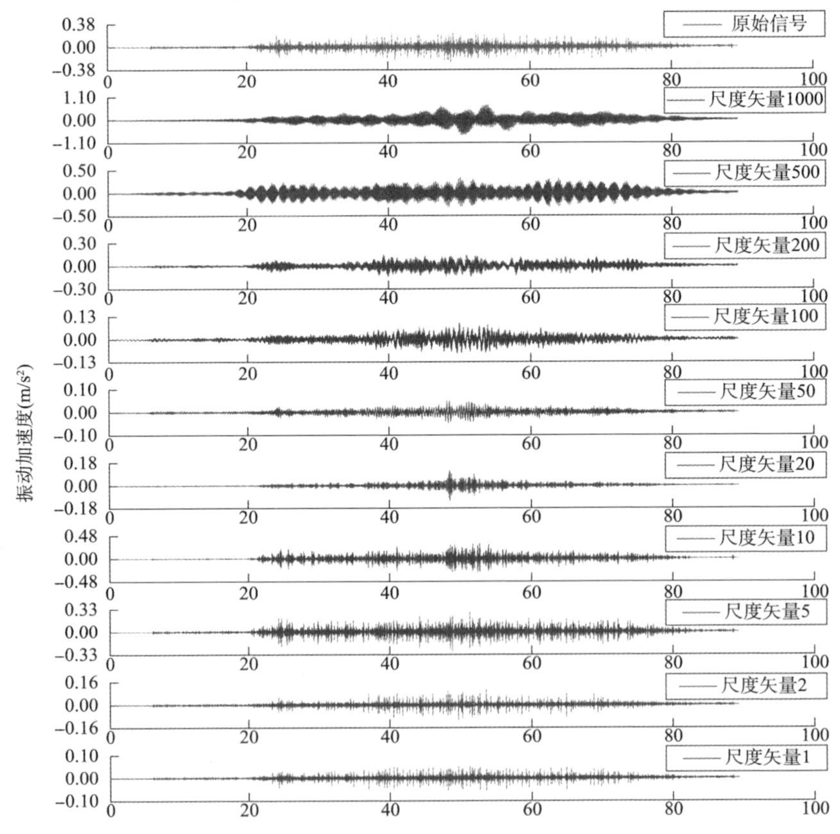

a)时域曲线

图 4-16

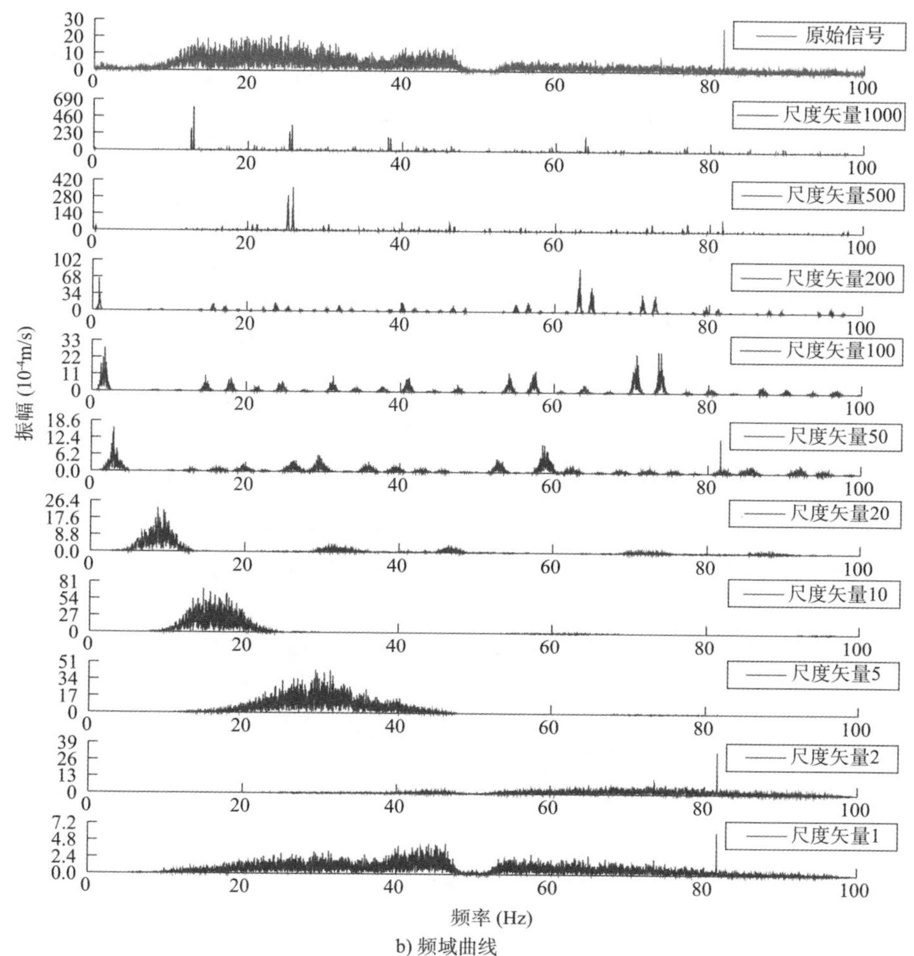

b) 频域曲线

图 4-16　上跨隧道仰拱处不同尺度下的 CWT 小波分解图及频谱曲线

上跨隧道仰拱的振动加速度峰值及卓越频率　　表 4-2

变换尺度	振动加速度峰值(m/s^2)	与原始峰值比值	对应时间(s)	卓越频段(Hz)	卓越频率(Hz)	与原始频率比值
原始信号	0.23	—	40.56	5 ~ 48	26	—
1	0.05	0.22	51.25	10 ~ 50	46	1.77
2	0.11	0.48	53.56	52 ~ 83	74	2.92
5	0.28	1.22	51.26	14 ~ 47	32	1.23
10	0.30	1.30	51.72	18 ~ 30	15	0.57

续上表

变换尺度	振动加速度峰值(m/s^2)	与原始峰值比值	对应时间(s)	卓越频段(Hz)	卓越频率(Hz)	与原始频率比值
20	0.11	0.22	48.47	7 ~ 13	9	0.35
50	0.05	0.48	48.51	3 ~ 6	5	0.19

图 4-17 为时间-变换尺度-系数矩阵和频率-变换尺度-幅度矩阵,结合表 4-2 可知:随着变换尺度的增加,振动加速度峰值先增大后逐渐减小,并在尺度矢量为 10 时,达到 0.30m/s^2 的最大值;对应的频率增长规律也与振动加速度峰值相似,随着变换尺度的增加,对应的卓越频率基本保持高频段向低频段的迁移;尺度矢量为5 ~ 10 时,其振动加速度峰值与卓越频率最接近原始信号,表明对上跨隧道仰拱起主导作用的为小尺度下的中低频率;上跨隧道仰拱在地震荷载作用下,中低频响应较为强烈,侧面反映了隧道周围围岩对于高频地震波的吸收效果较为明显。此外,在工程应用中应避免中低频地震波与隧道结构的共振,以防止地震灾害加剧时隧道的变形和破坏。

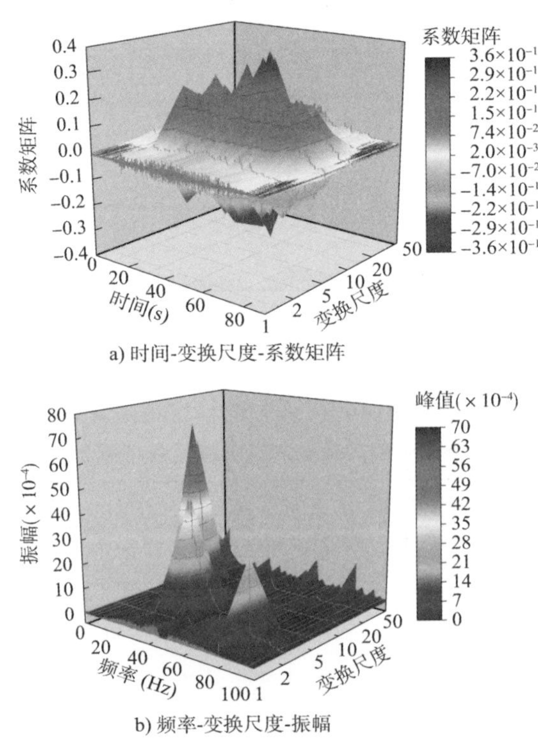

a) 时间-变换尺度-系数矩阵

b) 频率-变换尺度-振幅

图 4-17　上跨隧道仰拱小波变化三维映射曲线

4.4.3　下穿隧道拱顶的连续小波变换分析

同理，x 单向加载峰值为 0.20g 的汶川地震波时，对下穿隧道拱顶处 XA2 测点处的振动加速度时域曲线进行 CWT 分析，绘制其小波分解图及相应的频谱曲线，得到下穿隧道拱顶的振动原始加速度信号在不同尺度、不同位置的时域及频率特征，如图 4-18 所示。

由图 4-18 可知：对于 XA2 测点处的振动加速度动力响应，在原始信号的 0 ~ 50Hz 内主要是小尺度频率响应较为明显，振动加速度响应在加载后的 25 ~ 50s 内较为强烈，在此阶段隧道及围岩可能会产生较大的变形及破坏。

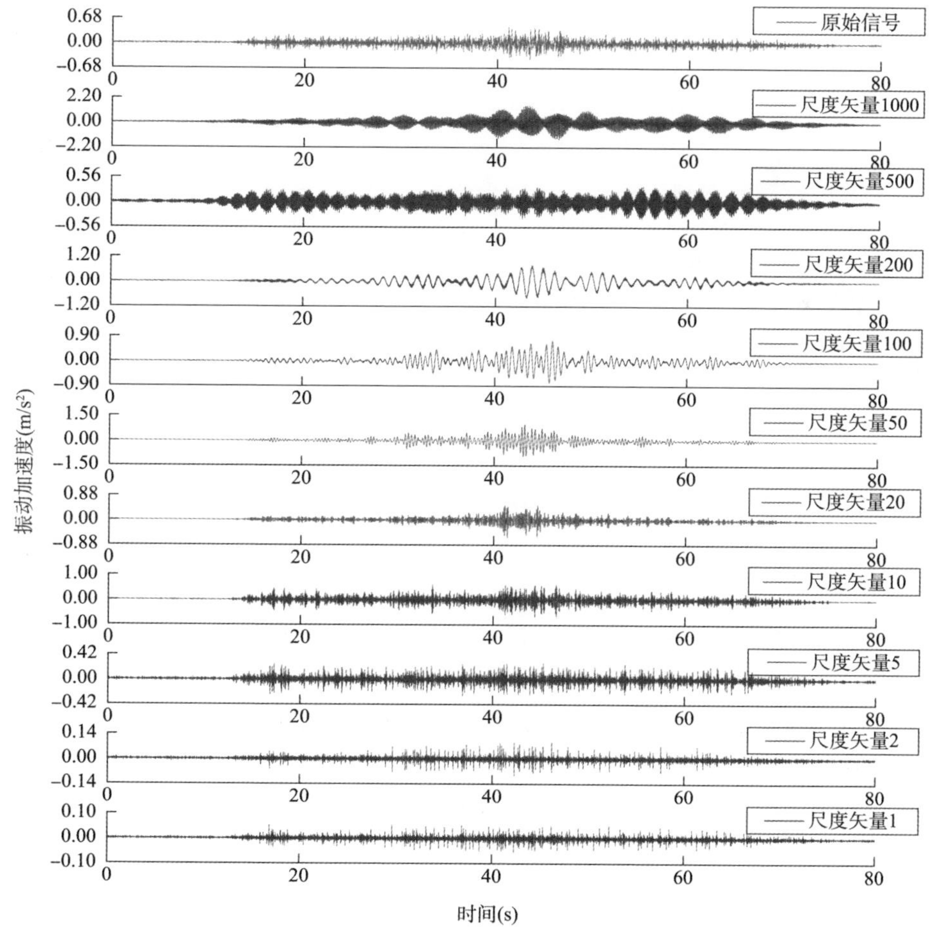

图　4-18

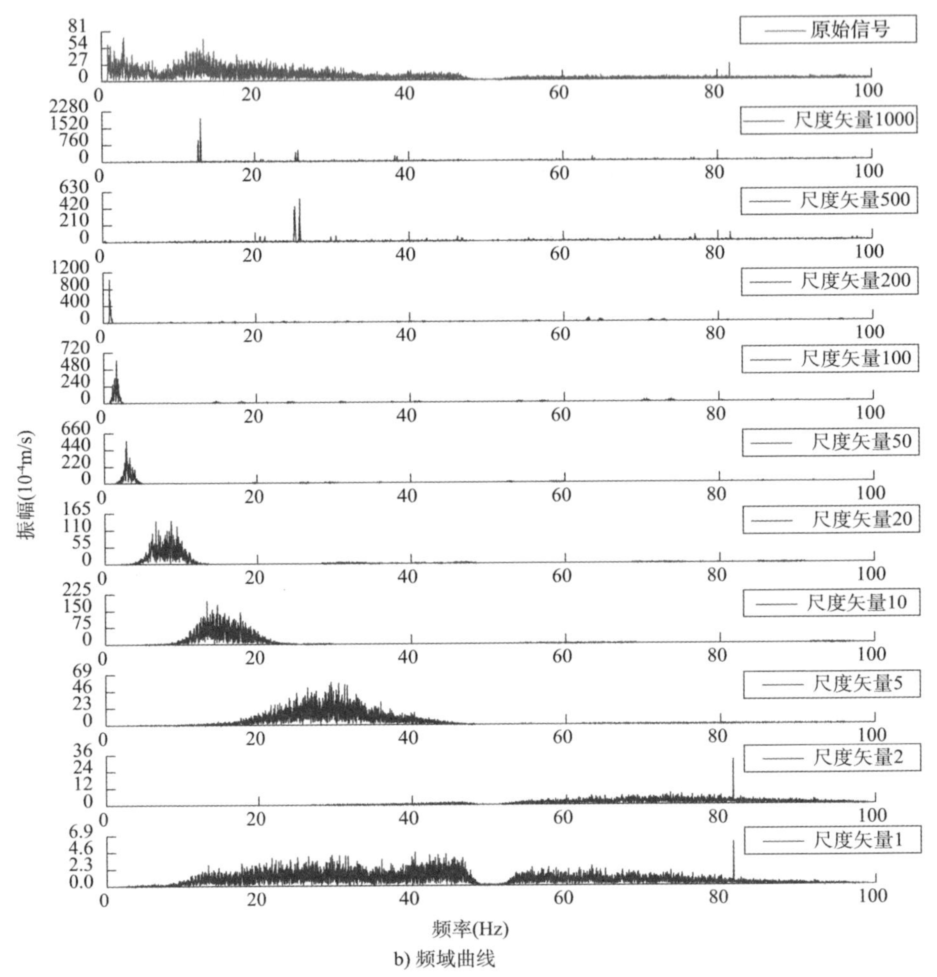

b) 频域曲线

图4-18 下穿隧道拱顶处不同尺度下的CWT小波分解图及频谱曲线

同样,对XA2测点处的振动加速度信号在小尺度(尺度矢量为1、2、5、10、50)变化下的CWT进一步分析,并提取分析结果中的振动加速度峰值及对应频谱的卓越频率,整理见表4-3。

下穿隧道拱顶的振动加速度峰值及频率 表4-3

变换尺度	振动加速度峰值(m/s^2)	与原始峰值比值	对应时间(s)	卓越频段(Hz)	卓越频率(Hz)	与原始频率比值
原始信号	0.49	—	43.90	2~46	14	—

续上表

变换尺度	振动加速度峰值(m/s^2)	与原始峰值比值	对应时间(s)	卓越频段(Hz)	卓越频率(Hz)	与原始频率比值
1	0.05	0.10	36.88	3 ~ 50	41	2.93
2	0.09	0.18	40.84	52 ~ 93	73	5.21
5	0.31	0.63	45.31	12 ~ 48	31	2.21
10	0.63	1.29	46.57	8 ~ 25	13	0.93
20	0.53	1.08	44.62	6 ~ 12	8	0.57
50	0.94	1.92	43.22	2 ~ 5	3	0.21

图 4-19 为时间-变换尺度-系数矩阵和频率-变换尺度-幅度矩阵，结合表 4-3 可知：随着变换尺度的增加，振动加速度峰值随之增大(除尺度矢量为 20 时)，并在尺度矢量为 50 时，达到 0.94m/s^2 的最大值；尺度矢量为 20 时，振动加速度峰值与原始信号基本吻合，达到最佳变换尺度；对应的频率增长规律与振动加速度峰值略有不同，卓越频率随变化尺度的增大先增大随后逐渐减小；随着变换尺度的增加，卓越频率同样基本保持高频段向低频段的迁移；尺度矢量为 10 ~ 20 时，其振动加速度峰值与卓越频率最为接近原始信号，表明对正交型立体下穿隧道拱顶起主导作用的同样为小尺度下的中低频率。

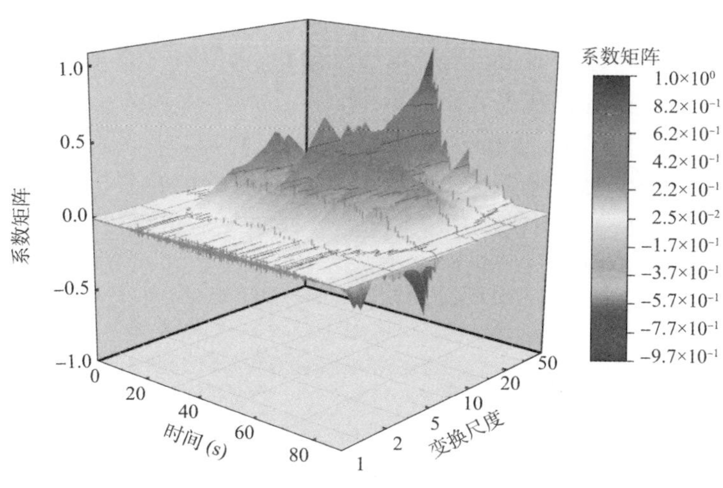

a) 时间-变换尺度-系数矩阵

图　4-19

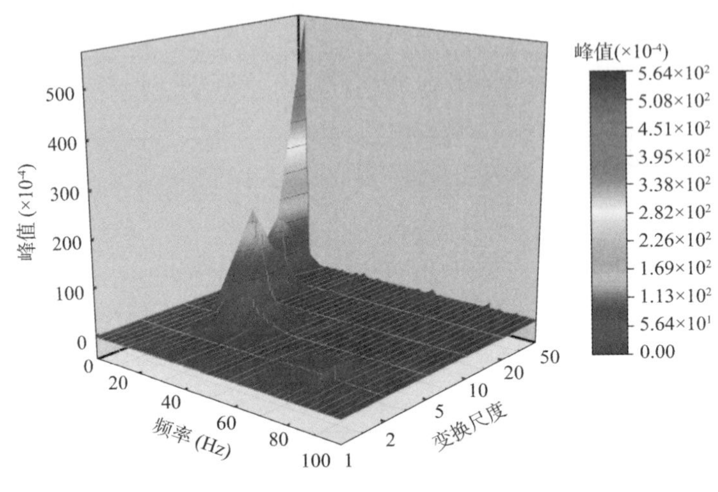

b) 频率-变换尺度-峰值

图 4-19　下穿隧道拱顶小波变化三维映射曲线

4.4.4　地震波加载作用下振动加速度响应的频率变化特征

对比上跨隧道仰拱与下穿隧道拱顶的振动加速度峰值及频率特征，发现下穿隧道拱顶的地震响应强于上跨隧道仰拱，表明下穿隧道拱顶可能产生了较为严重的局部损伤。振动加速度响应在加载后的 25 ~ 60s 内较为强烈，此时应为抗震过程中重点关注的阶段。

通过分析交叉隧道典型测点的频谱特征分析，可以看出在地震荷载作用下，对山区立体交叉上跨隧道仰拱和下穿隧道拱顶起主导作用的为小尺度（尺度矢量为 5 ~ 20）变换下的中低频率。因此，在对隧道结构进行设计抗震时，应避免结构的自振频率与该频段产生共振现象。通过对振动加速度响应的分析，可以从宏观上把握隧道工程的安全性能，对于地震频发区的立体交叉隧道可以提前提高相应结构（上跨隧道仰拱及下穿隧道拱顶）的抗震水平，避免因隧道破坏而导致全线瘫痪等的发生。

4.5　小　　结

通过大型振动台试验，研究了山区正交型立体交叉隧道典型位置的加速度峰值的分布规律，并以 Morlet 小波为基函数对交叉段中心断面上跨隧道的仰拱及下穿隧道的拱顶处所加载 x 单向的汶川地震波进行了不同尺度的变换，主要得到以下结论：

①立体交叉隧道结构的复杂性使其振动加速度响应分布表现出明显的空间特性，也使原本简单的地震入射波在交叉区段围岩内产生折射和反射叠加，从而引起地震入射波在交叉区段围岩内产生振动加速度效应的叠加，导致上跨隧道仰拱处及下穿隧道拱顶处的地震响应更加明显。

②对比不同加载方向下立体隧道交叉段的振动加速度响应可知，当 x 单向输入汶川地震波时，振动加速度叠加效应以下穿隧道拱顶处为主；x、z 双向输入汶川地震波时，振动加速度叠加效应以上跨隧道仰拱处为主；x、z 双向加载地震波时各测点处的振动加速度峰值谱明显大于 x 单向加载地震波。

③根据同一测点在不同峰值地震波作用下的振动加速度峰值分布可知，随着地震烈度的增加，振动加速度峰值也随之增大；地震波峰值为 0.20g 和 0.30g（地震烈度为Ⅷ度）时，测点处的振动加速度响应发生突变；地震波峰值为 0.30g 和 0.40g（地震烈度为Ⅷ～Ⅸ度）时，加载方向引起的振动加速度放大效应更为明显。

④当振动加速度较小时（0.1～0.15g），两交叉隧道的环向应变峰值基本持平，且上跨隧道各处应变峰值由大到小依次为：左边墙＞拱顶＞仰拱＞右边墙；下穿隧道各处应变峰值由大到小依次为：边墙＞拱顶＞仰拱。当振动加速度较大时（0.15～0.4g），下穿隧道的环向应变峰值远大于上跨穿隧道，且下穿隧道各处应变峰值由大到小依次为：边墙＞仰拱＞拱顶；上跨隧道各处应变峰值由大到小依次为：仰拱＞边墙＞拱顶。

⑤在地震荷载作用下，对于地震响应更为明显的山区立体交叉上跨隧道仰拱处和下穿隧道拱顶处，其振动加速度响应在加载地震波后的 25～60s 内较为强烈；对这一振动加速度响应起主导作用的为小尺度（尺度矢量为 5～20）变换下的中低频率，且随着变换尺度的增加，卓越频率由高频段逐渐向低频段迁移。这一结论可为不同地震烈度区的其他交叉隧道结构抗震设计提供基础参考。

第5章

坡体病害地段平行立体交叉隧道地震动力响应

立体交叉隧道的潜在地震破坏已成为山区隧道工程运营维护中的主要隐患之一。本章通过振动台试验,研究了在地震荷载作用下平行立体交叉隧道穿越坡体病害地段时的动力响应和破坏特性;通过宏观试验现象分析了平行立体交叉隧道的破坏模式,分别用加速度和动应变对围岩和隧道的动力响应和衬砌破坏进行了评价;利用小波包对隧道结构的频谱特性进行了深入的讨论,模型的破坏过程可分为3个阶段,上跨隧道和下穿隧道表现出不同的破坏特征;发现隧道外表面衬砌损伤主要发生在右侧拱腰和左侧墙,隧道内表面衬砌损伤主要发生在拱顶和仰拱上;小波包能量分析结果表明,上跨隧道和下穿隧道的能量特性分布不一致。具体而言,上跨隧道拱顶和下穿隧道的仰拱能量特征值最大,在抗震设计中应考虑薄弱部分[75]。

5.1 振动台模型试验设计

5.1.1 振动台系统

本次测试采用RC-3000振动控制系统。该系统采用局域网总线与嵌入式数字信号处理器直接集成的结构,具有全方位的单向振动测试功能,如图5-1所示。该振动台的主要技术参数见表5-1。

振动台系统配备了尺寸为175cm(长)×30cm(宽)×120cm(高)的刚性模型箱,刚性模型箱的主体采用4080L合金铝材料焊接而成,如图5-2所示。为满足刚度要求和试验现象的观察需求,模型箱内部两侧均采用10mm厚的PP(聚丙烯)片材。模型箱内侧为钢板,且模型箱被固定在振动台台面。

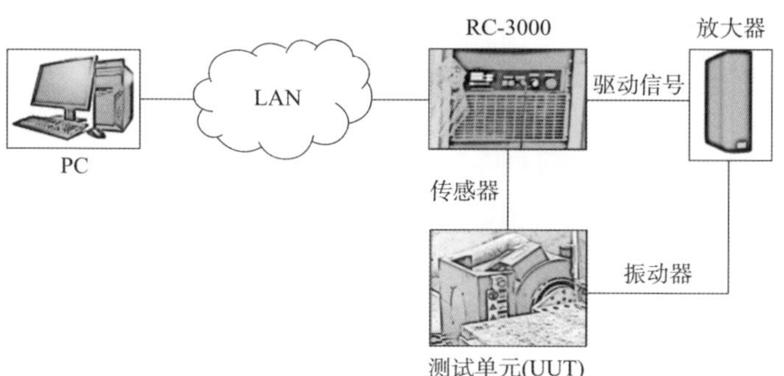

图 5-1　RC-3000 振动控制系统结构

振动台系统参数　　表 5-1

参　　数	技 术 指 标	参　　数	技 术 指 标
台面尺寸	3m × 2m	最大倾覆力矩	10kN · m
加载方向	水平(x)	最大偏心力矩	5kN · m
工作频率	0.2 ~ 50Hz	最大速度	2m/s
最大荷载	4.9kN	最大位移	51mm
最大加速度	1.0g		

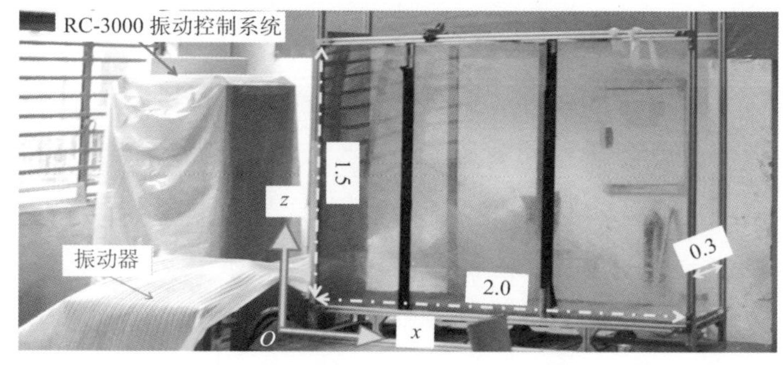

图 5-2　振动台系统及模型箱(尺寸单位:m)

由于刚性模型箱所存在的边界效应将导致试验数据的误差,对此采取了以下措施:为减轻边界效应的影响,将厚度为 50mm、密度为 15kg/m^3 的聚苯乙烯泡沫板粘贴到模型箱内侧,以减小模型箱侧壁与土体的摩擦;聚苯乙烯泡沫塑料板在试验加载过程中始终处于线弹性状态,其具有良好的压缩性能(动弹性模量 4.13MPa);为减少地震波在边界上的反射,在平行于隧道的两侧铺设一层聚苯乙烯泡沫板;为保证模型土与箱底黏结良好,在模型箱底部铺设一层5cm厚、粒径约为1cm的碎石土,以增加摩擦力,并将底板作为摩擦边界,限制箱底与土的相对位移。上述处理模型箱边界效应的方法的有效性在以往的试验中得到了验证。

5.1.2 模型的设计与制作

考虑到振动台模型箱的尺寸以及该模型在一些实际工程中应用,本试验结合相关规范及隧道工程施工实际,采用几何相似比 $C_L = 100$ 进行隧道设计[76]。以几何、密度和加速度为基本物理参数,确定几何相似比为1∶100,密度和加速度的相似比均为1∶1,其他物理量的相似比根据Buckingham的π定理推导出,如表5-2所示。

相似关系和相似比　　表5-2

类　别	物理参数	相似关系	相似比
几何参数	长度(L)	C_L	1/100
	线性位移(x)	$C_x = C_L$	1/100
材料参数	密度(ρ)	C_ρ	1
	应力(σ)	$C_\sigma = C_E$	1/100
	应变(ε)	C_ε	1
	泊松比(μ)	C_μ	1
	内摩擦角(φ)	C_φ	1
	黏聚力(c)	$C_c = C_E$	1/100
	弹性模量(E)	$C_E = C_L C_a C_\rho$	1/100
动力参数	加速度(a)	C_a	1
	频率(f)	$C_f = C_L^{-1/2} C_a^{1/2}$	1/0.1
	速度(v)	$C_v = C_L^{1/2} C_a^{1/2}$	1/10
	时间(t)	$C_t = C_L^{1/2} C_a^{-1/2}$	1/10

模型材料的选取主要基于前人的研究成果。以Ⅳ级围岩为例,按照《公路隧道设计规范》(JTG 3370.1—2018)相关参数进行取值。根据模型设计参数和多组材料的试验结果,最终确定以石英砂为主,石膏粉、滑石粉为辅,红黏土、水泥、水为黏结材料。样品测试过程如图5-3所示,具体相似参数如表5-3所示。另外,考虑到地震可能诱发滑坡从而影响隧道结构的动力响应,因此在模型中提前设置了滑动面。

振动台试验模型相似参数　　表 5-3

材料		质量配合比(%)						重度 γ (kN/m^3)	弹性模量 E (GPa)	黏聚力 c (kPa)	内摩擦角 φ (°)	抗拉强度 σ_t (MPa)	抗压强度 σ_c (MPa)
		石英砂	红黏土	水泥	石膏粉	滑石粉	水						
围岩	原型	—	—	—	—	—	—	20 ~ 23	1.72 ~ 5.69	200 ~ 700	27 ~ 39	—	2 ~ 20
	模型	70	30	5	3	—	10	17.5	0.04	6.9	32	—	0.15
滑体	原型	—	—	—	—	—	—	19.0	—	16.39	23.15	—	—
	模型	70	—	20	3	—	10	17.2	—	4.6	22	—	—
滑带	原型	—	—	—	—	—	—	19.5 ~ 20	—	5.0	32	—	—
	模型	27	52	—	—	35	15	17.2	—	6.6	25	—	—
衬砌	原型	—	—	—	—	—	—	—	30.8	—	—	2.0	23.2
	模型	—	—	—	1.1	—	1	—	0.77	—	—	0.05	0.58

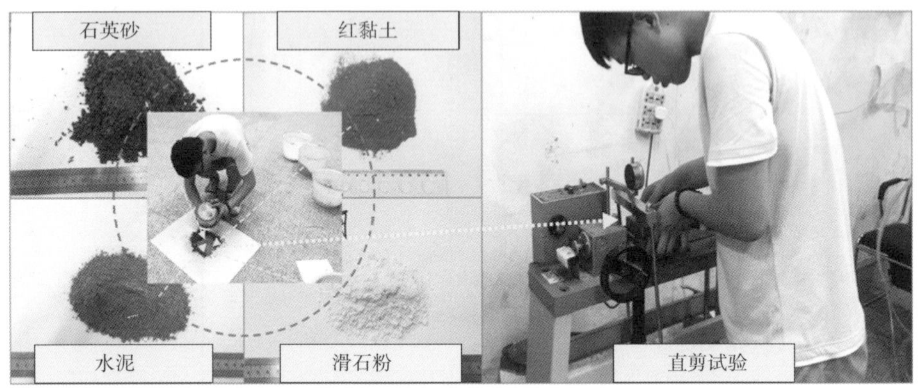

图 5-3　土工试验

需要说明的是,隧道衬砌段以采用标准三车道公路复合隧道衬砌为例(设计速度为 120km/h),抗压强度等级为 C30,厚度为 60cm。另外,以石膏粉与水按一定比例混合成衬砌模型,根据几何相似性确定其最大跨度为 19.3cm,高度为 14.6cm,厚度为 0.6cm。此外,采用直径为 0.2mm 的钢丝网近似模拟衬砌结构中的环向主筋和分布钢筋,如图 5-4 所示。

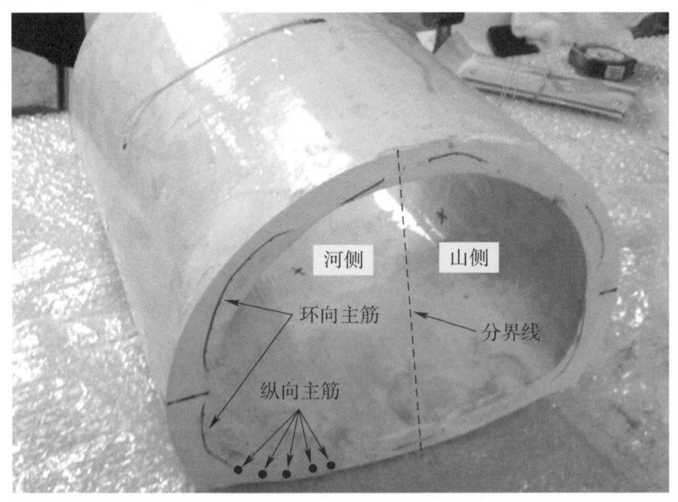

图 5-4　隧道模型

在模型填筑过程中,将相似材料分层填筑到模型箱中,每层厚 10cm,并按同样的方法压实土层,保证模型填筑均匀。在试验过程中布设了加速度传感器和应变计,如图 5-5 所示。

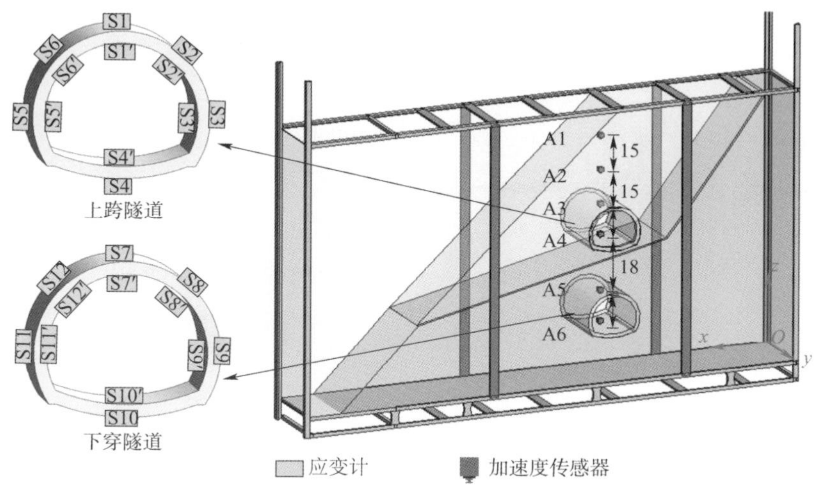

a) 传感器布设（尺寸单位：cm）

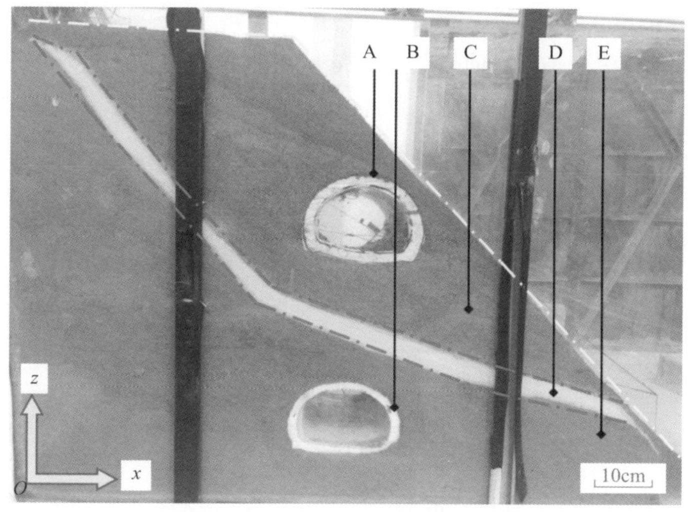

b) 模型布置

图 5-5　传感器布设及模型布置

A-上跨隧道；B-下穿隧道；C-滑体；D-人工边界（潜在滑动面）；E-围岩

5.1.3　加载工况设计

由于 El-Centro 地震波的反应谱与我国《建筑抗震设计规范》（GB 50011—2010）的设计反应谱吻合较好，故选择 El-Centro 地震波作为振动台试验的输入波。此外，本试验中输入的地震波均为水平地震波。当加载峰值为 0.1g 的地震波时，采集振动台的加速度时程和频谱曲线,如图5-6所示。

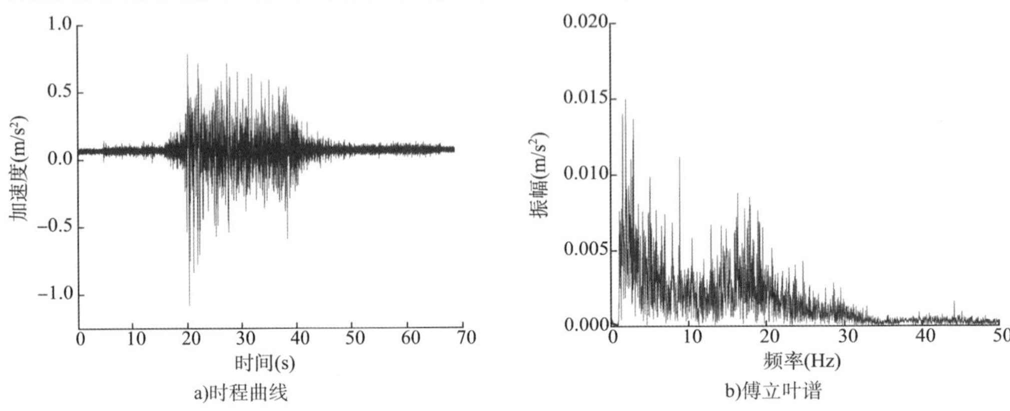

图5-6 振动台的加速度时程和频谱曲线

为满足原型区多震、强震和罕遇地震的抗震设计要求,输入波峰值分别为0.1g、0.2g、0.3g和0.4g。此外,为了探索极震工况下交叉隧道模型的破坏模式,设计并加载了峰值为0.6g的地震波,如表5-4所示。此外,为了测试模型的固有频率,在试验开始前向模型中输入0.2~50Hz的正弦扫频,以测试模型的初始动力特性。

加载制度 表5-4

工况	加载地震波	加载方向	输入波峰值(g)
—	正弦扫频	x	0.05
工况1	El-Centro	x	0.10
工况2	El-Centro	x	0.15
工况3	El-Centro	x	0.20
工况4	El-Centro	x	0.30
工况5	El-Centro	x	0.40
工况6	El-Centro	x	0.60

5.2 加速度响应分析

为探索隧道围岩及隧道拱顶、仰拱在交叉断面上的地震动力响应分布规律,对A1~A6测点的加速度响应进行了分析。为更清楚地说明隧道结构和围岩在不同荷载工况下加速度响应的变化趋势,定义加速度放大系数,即每种工况下测点的加速度峰值和工况 1(0.1g)加速度峰值之比,如图 5-7 所示。

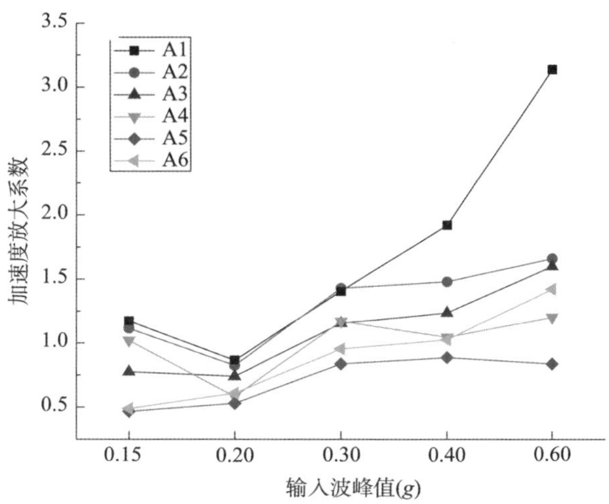

图 5-7　加速度放大系数

各测点沿高程方向的加速度放大系数具有明显的规律性,沿高程方向具有明显的放大效应。然而,对于平行型立体交叉隧道,隧道拱顶和仰拱处的加速度响应与单孔隧道有显著差异。由于交叉段的空间效应和相互影响,上跨隧道的存在对下穿隧道的地震响应有一定的削弱作用,这种削弱作用对下穿隧道的拱顶(A 5)更为明显。

此外,加速度放大系数具有明显的阶段性。当输入地震波峰值为 0.15 ~ 0.2g 时,各测点的加速度放大系数随输入地震波峰值的增大呈线性减小趋势,表明此时模型处于弹性状态。当输入地震波峰值为 0.2 ~ 0.3g 时,加速度放大系数由弹性阶段逐渐过渡到塑性阶段,加速度放大系数开始增大,表明在此过程中土体的动剪切模量减小,阻尼比增大。当输入地震波峰值为 0.3 ~ 0.4g 时,加速度放大系数呈锯齿状分布,裂缝逐渐增大,滤波效果越来越强。模型可能处于塑性增强阶段。当输入地震波峰值为 0.4 ~ 0.6g 时,加速度放大系数明显增大,特别是 A1 测点处,表明坡顶可能发生松动甚至坍塌,模型的完整性遭到破坏,承载力明显削弱。

通过以上分析,发现模型在工况 5(0.4g)基本处于临界失效阶段,因此以工况 5 为例对加速度时域特性进行了分析。图 5-8 为工况 5(0.4g)下 A1 ~ A6 的加速度时程曲线,各测点到达加速度峰值的时间基本相同,约为 30s;随着测点高程的增加,峰值加速度也随之增加。A1 ~ A6 测点的加速度峰值分别为 8.07m/s^2、6.22m/s^2、4.63m/s^2、3.68m/s^2、2.72m/s^2、2.47m/s^2,加速度峰值分别为后者的1.30、1.34、1.26、1.35、1.10 倍,这证实了立体交叉隧道结构对地震波有一定的放大作用。

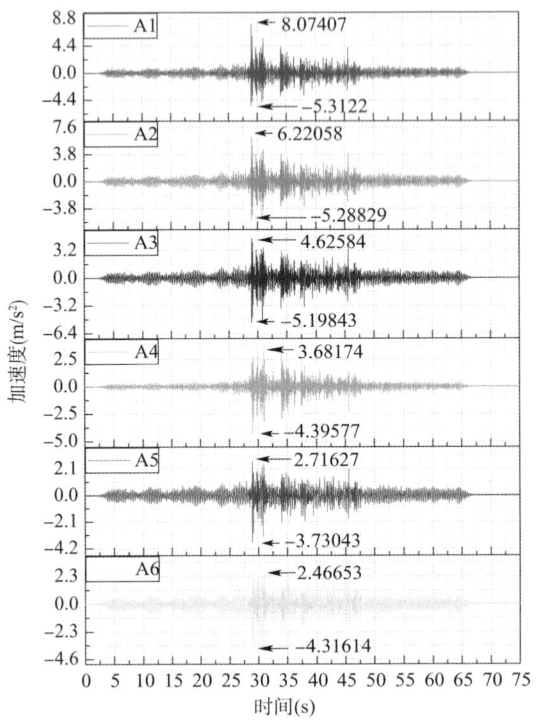

图 5-8 峰值 0.4g 地震波作用下中心断面加速度时程

5.3 动应变响应分析

为深入了解不同地震荷载作用下隧道衬砌环向动应变的变化及分布规律，对模型的动应变峰值进行了分析，如图 5-9 所示。

上跨隧道衬砌外表面的动应变峰值分析表明，拱顶（S1）、右拱腰（S2）、仰拱（S4）和右侧墙（S5）处的动应变峰值较大，且仰拱处的动应变峰值最大，如图 5-9a）所示。此外，这四个位置（S1、S2、S4 和 S5）处的应变峰值形成一个“矩形”，并与斜坡的滑动方向平行。

图 5-9b）为上跨隧道衬砌内表面的动应变峰值，可以看出左拱腰（S6′）处产生最大拉应力，右拱腰（S2′）出现最大压应力。其余部位应力稳定，各工况下动应变峰值相差不大。

图 5-9c）显示了下穿隧道衬砌外表面的动应变峰值。当地震波峰值为 0.1～0.3g 时，不同情况下隧道衬砌各点动应变峰值相差不大，整个隧道从稳定状态逐

渐过渡到小变形阶段。但当地震激励达到 0.4g 时,各测点的动应变峰值变化剧烈,说明下穿隧道边坡在此时存在结构性破坏。另外,从应变峰值的变化程度来看,拱顶(S7)应变响应变化最剧烈,右边墙(S9)应变响应变化最稳定,说明下穿隧道拱顶很可能成为抗震设计中的薄弱环节。

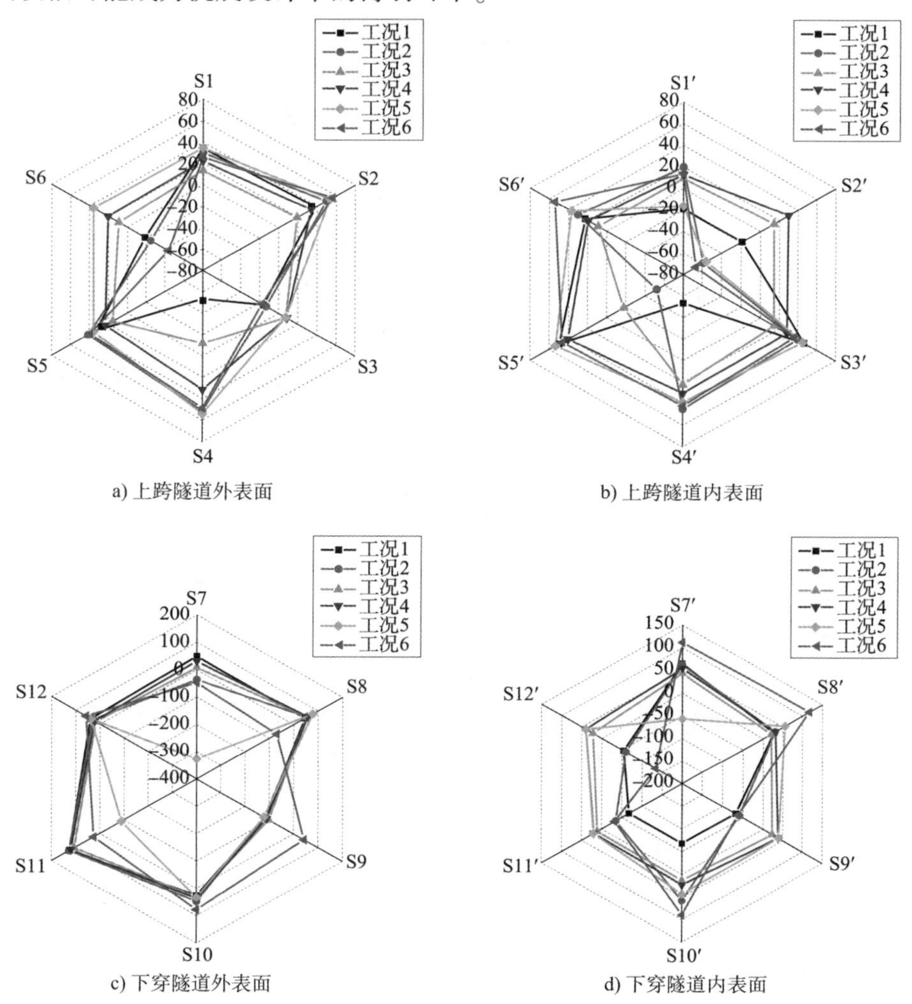

a) 上跨隧道外表面　b) 上跨隧道内表面

c) 下穿隧道外表面　d) 下穿隧道内表面

图 5-9　隧道衬砌动应变峰值

注:应变值以拉为正,压为负。

从图 5-9d)可以看出,下穿隧道衬砌内表面的动应变峰值在拱顶(S7′)、右拱腰(S8′)和仰拱(S10′)处较大。与衬砌外表面的应变响应类似,工况 5、工况 6 中,内表面上每个测点的应变峰值变化剧烈。

对比上跨和下穿隧道衬砌的动应变峰值变化可以看出,在工况 3(0.2g),上跨隧道衬砌的应变峰值(无论是内表面还是外表面)发生了剧烈的变化。结果表明,输入峰值为 0.2g 的地震波后,模型坡体内部结构发生了变化,地震波对边坡和隧道的影响增强。而对于下穿隧道,隧道衬砌的应变峰值在工况 5、工况 6 发生剧烈变化,说明在地震波作用下,下穿隧道比上跨隧道更为稳定。当然,这可能也与坡体形态的变化有关。结合上述对于试验现象的分析可以推断出边坡产生的是牵引式滑坡,边坡后缘首先受到破坏,滑体向下滑动,对边坡下部和隧道产生一定的作用力。

此外,上跨和下穿隧道衬砌外表面上的最大应变峰值均位于右拱腰(S2、S8)和左边墙(S5、S11)。然而,上跨和下穿隧道衬砌内表面的应变峰值却表现出不同的规律,即上跨隧道衬砌内表面的应变峰值出现在左拱腰(S6′),下穿隧道衬砌内表面的最大应变峰值出现在右拱腰(S8′)、拱顶(S7′)和仰拱(S10′),这一现象说明隧道衬砌内、外表面受力不同,在实际工程设计中应考虑提高内、外衬砌薄弱部位的抗震等级。

5.4 动力反应谱分析

在工程中,为了避免地震波与结构在主频带发生共振,需要对结构进行频谱分析。通过对频谱特征的分析,可以获得关于卓越频率和频带的信息,能够更清楚地了解地震波传播过程的频率和周期分布特征,为工程实践提供相关的理论参考。为此,本节引入小波包分析方法对两隧道交叉段的地震能量和谱特征进行分析。

为了进一步细分加速度信号在时域和频域的局部特征,利用小波包对地震动响应信号进行了分解,该小波包能够反映频域和时域的特性。振动台试验输入地震波的有效频率范围为 0.2 ~ 50Hz,考虑到细化和分辨率要求,取 3 层可满足加速度信号分解层数的要求。采用频率域上正则性强、衰减快、支持度小的 Meyer 小波作为母小波,并用离散小波变换对加速度信号进行分解。分解后的小波包的频带数和频率范围如图 5-10 所示。

以工况 5(0.4g)为例,采用小波包变换方法对上跨隧道仰拱(A4)和下穿隧道拱顶(A5)进行分析和变换,得到各频带的加速度响应小波分量图,如图 5-11 所示。

从图 5-11 可以看出,随着小波包分解频带的增大,加速度响应逐渐减小,第一和第二频带的加速度响应明显大于其他频带的加速度响应。此外,影响加速度响应的主要频带是第一频带小波分量(0.2 ~ 6.27Hz)和第二频带小波分量(6.27 ~

12.52Hz)，围岩对中高频(12.52Hz 以上)地震波能量有一定的耗散和滤波作用。另外，加速度信号经小波包分解后，A4 处各频带的动力响应均大于 A5 处的动力响应，说明加速度响应在上跨隧道仰拱处可能存在叠加效应。

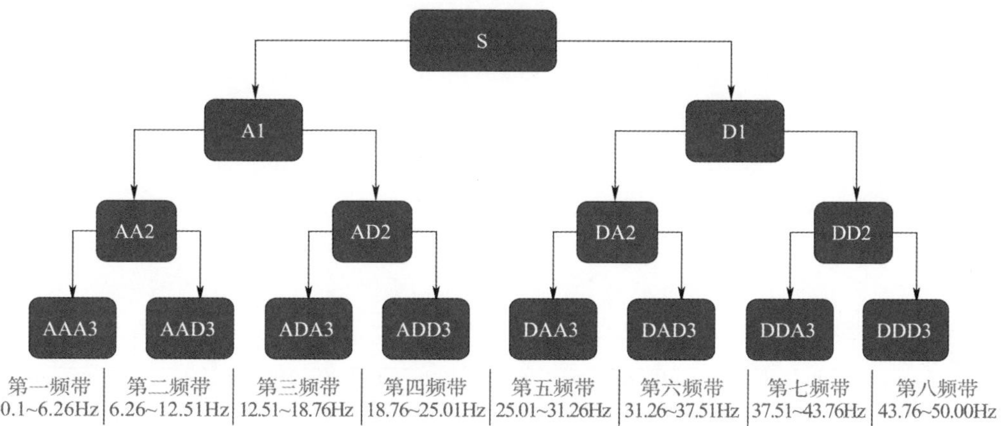

图 5-10　各频带对应的频率范围

注：1. S 为原始输入信号。

2. A 为近似(相对低频)信号；D 为细节(相对高频)信号。

3. 每个频带的宽度为 50/8 = 6.25Hz，对应的最低频带为 0.1 ~ 6.26Hz。

从图 5-11 可以看出，在振动台试验中，第 1 和第 2 频带(0.2 ~ 6.27Hz 和 6.27 ~ 12.52Hz)的地震波在立体交叉隧道中起主要作用，但各频带的地震波能量所占的比例无法清楚地表示。为了定量反映地震波能量在各频带总能量中的比例，利用 MATLAB 软件提取各频带的能量特征值，如表 5-5 所示。

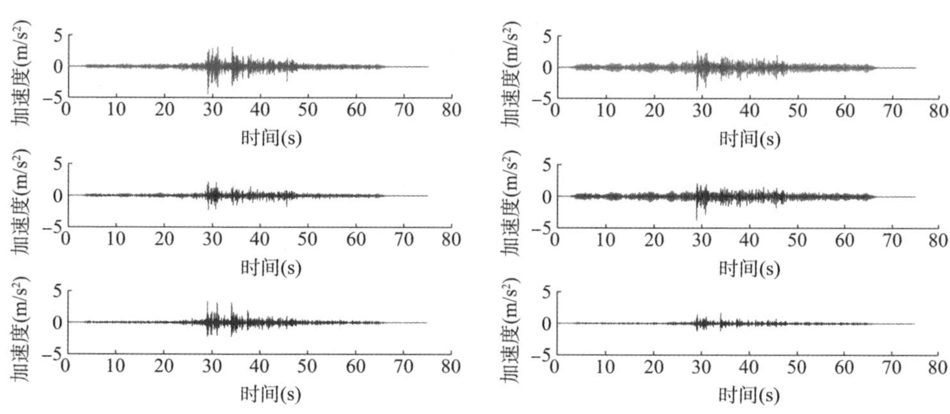

图　5-11

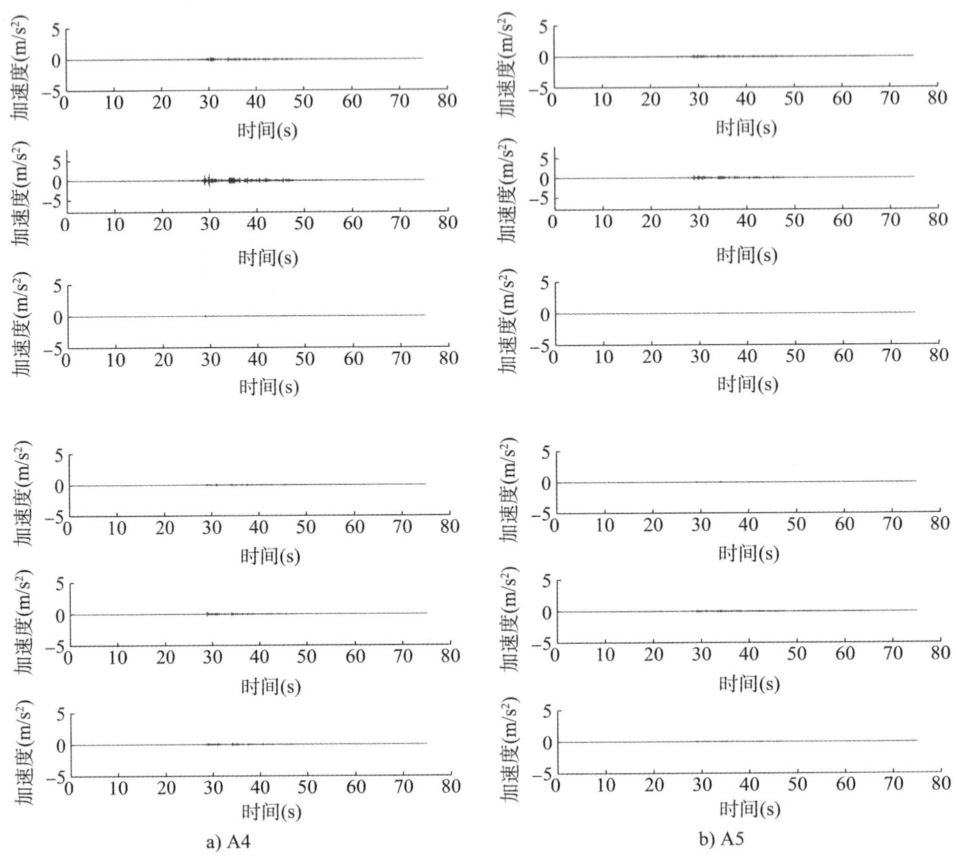

图 5-11　峰值 0.4g 地震波作用下加速度响应的小波分量

注:红色曲线表示原始的动态加速度时域曲线,蓝色曲线从上到下表示第 1 到第 8 个频带的小波分量。

不同峰值地震波作用下拱顶和仰拱的频带能量占比(单位:%)　　表 5-5

频带	0.2g				0.4g				0.6g			
	A3	A4	A5	A6	A3	A4	A5	A6	A3	A4	A5	A6
E1	79.71	80.60	89.94	77.33	78.10	48.14	87.16	89.96	74.33	48.93	80.52	83.56
E2	16.94	14.10	6.67	18.58	19.64	40.70	10.28	8.55	22.83	40.73	16.47	14.55
E3	0.65	0.79	0.67	1.51	0.67	1.36	0.60	0.55	0.81	1.26	0.78	0.65
E4	1.53	2.79	1.08	1.22	1.28	8.77	1.45	0.52	1.58	7.99	1.78	0.83
E5	0.06	0.08	0.07	0.06	0.02	0.05	0.02	0.01	0.02	0.05	0.02	0.02
E6	0.43	0.60	0.57	0.13	0.05	0.23	0.05	0.04	0.07	0.24	0.06	0.04
E7	0.29	0.43	0.54	0.99	0.18	0.33	0.35	0.33	0.23	0.43	0.29	0.27
E8	0.39	0.61	0.56	0.17	0.07	0.42	0.10	0.05	0.12	0.37	0.09	0.06

对于隧道顶拱和仰拱各频带的能量特征值，第 5 频带占总能量的比例接近于 0，说明 25.02 ~ 31.27Hz 地震波对平行重叠隧道顶拱和仰拱的影响不大。除 A4 在峰值 0.2g 和 0.4g 地震波作用下外，其余情况下各测点第 1 频带的能量占比均大于总能量的 70%。然而，第 2 频带的能量在总能量中所占的比例变化很大，可以得出，在这 3 种工况下，在地震波的作用下，各测点第 2 频带能量平均占总能量的约 14.9%。此外，影响隧道顶拱和仰拱的主要因素是第 1 频带(0.2 ~ 6.27Hz)和第 2 频带(6.27 ~ 12.52Hz)地震波，第 1 频带地震波起主导作用。

当输入波的峰值分别为 0.2g、0.4g 和 0.6g 时，第 1 频带和第 2 频带能量占比之和的最大值分别为 96.65%、98.11% 和 98.51%，最小值分别为 94.70%、89.66% 和 88.84%。随着输入波峰值的增大，第 1 和第 2 频带能量之和占总能量的比例增大，这是由于第 2 频带能量特征值所占比例逐渐增大所致。此外，这表明随着输入波峰值的增大，第 1 频带的影响逐渐减小，而第 2 频带的影响逐渐增大。

对于第 1 频带和第 2 频带地震波的能量之和，上跨隧道拱顶的能量特征值均大于仰拱的能量特征值，随着输入地震波峰值的增大，下穿隧道拱顶的能量特征值逐渐小于仰拱。这表明在地震荷载作用下，上跨隧道和下穿隧道的能量分布特征不一致，上跨隧道的主要薄弱部位是拱顶，下穿隧道的主要薄弱部位是仰拱。

5.5 变形破坏特征分析

宏观试验现象是分析模型变形破坏最直观的手段。需要注意的是，在试验从开始到结束的整个过程中，后续的加载都在前一工况基础上继续进行，未人为干预将模型恢复到原来的状态。因此，模型变形破坏的整个过程随着工况的变化而动态变化。

通过对模型变形破坏过程的观察，将模型的破坏过程大致分为 3 个阶段：工况 1 ~ 工况 2，模型出现细微裂缝，没有明显的破坏现象；工况 3 ~ 工况 4，边坡顶部和隧道周围裂缝产生和发展，即变形阶段；工况 5 ~ 工况 6，模型变形较大，即破坏阶段。

当地震波峰值为 0.1g 时，平行立体交叉隧道和坡面周围基本没有出现裂缝。随着输入地震峰值的增加，工况 2 时上跨隧道侧壁出现轻微横向裂缝，如图 5-12 所示。因此，可认为在工况 1 ~ 工况 2 作用下模型处在弹性阶段。由于围岩对隧道结构的约束，土-结构组合比较紧密，一般认为是抗震性能最好的结构，在微地震和小地震荷载作用下一般不易发生破坏和变形。

随着输入地震波峰值的增大，地震波峰值加速度为 0.2g 时，地震惯性力增大，模型开始变形破坏。首先，滑坡坡顶出现了一条延伸至潜在滑动面的横向裂缝。

然后,在边坡顶部和表面出现了一些小裂缝,以横向和弧形裂缝为主。此外,沿潜在滑动面的方向,平行立体交叉隧道的交叉处也出现了裂缝。产生这种现象的原因是水平地震波引起的水平拉应力使边坡顶部首先产生裂缝。此外,边坡中现有的裂缝开始扩展和发育,在工况 4(0.3g)下,在靠近边坡顶部的潜在滑动面附近产生了新的裂缝,如图 5-13 所示。裂缝的产生和发育表明,此时围岩可能发生了局部破坏,导致土体对地震波的吸收增强,模型逐渐进入变形阶段。

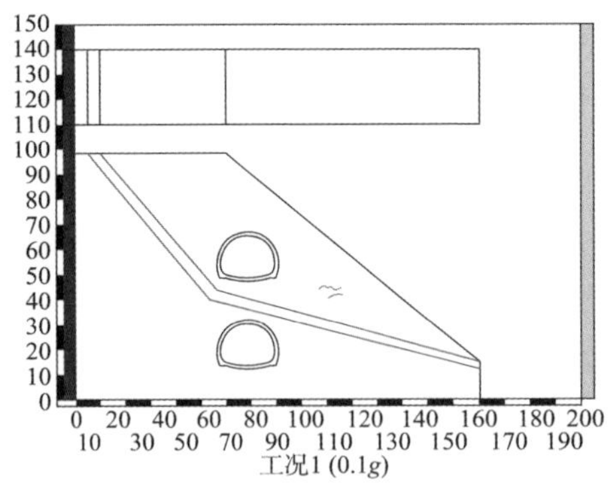

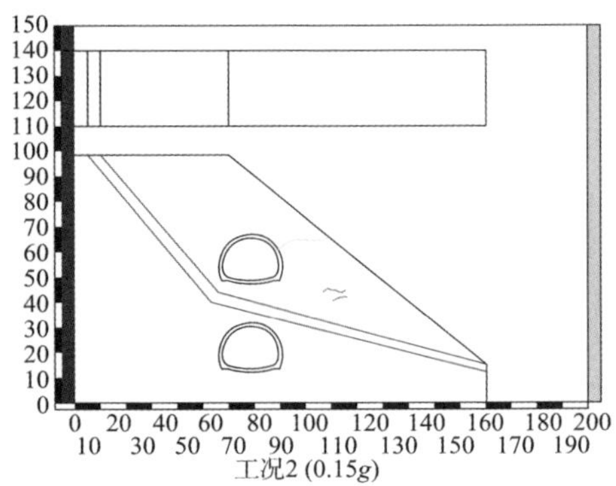

图 5-12　工况 1 ~ 工况 2 的变形和破坏(尺寸单位:cm)

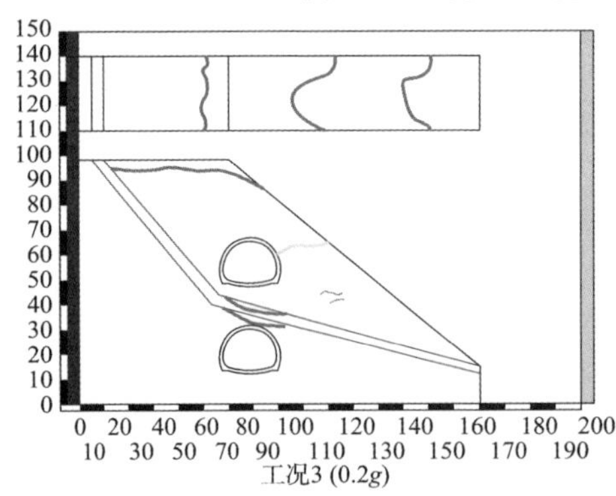

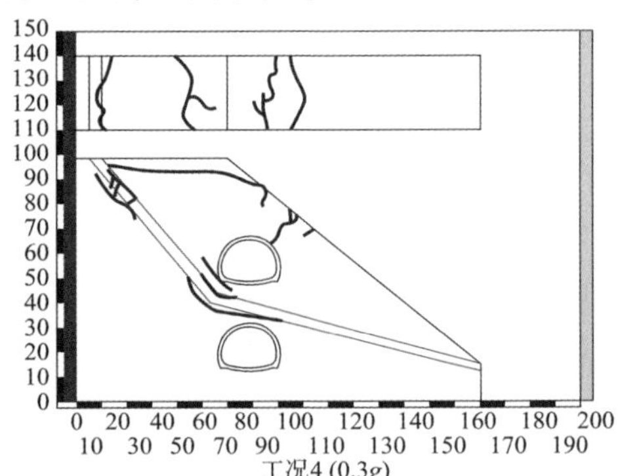

图 5-13　工况 3 ~ 工况 4 的变形和破坏(尺寸单位:cm)

随着输入地震波峰值的不断增大,模型损伤越来越明显。当荷载峰值加速度为 0.4g 和 0.6g 时,边坡顶部和表面的横向裂缝已贯通。由于地震波能量的消耗,围岩滤波效果逐渐增强,导致裂缝逐渐发展。在工况 5(0.4g)中,上跨隧道顶部裂缝扩展到边坡,并撕裂边坡,造成较大位移。这是因为围岩和土体的刚度降低,阻尼比增大。此外,模型的累积损伤也逐渐加重,可以认为模型处在裂缝扩展的塑性强化阶段。加载峰值 0.6g 地震波后,模型坡体被拉开处出现大量块体坍塌、滑落现象,且块体堆积在坡脚处,如图 5-14 所示。该模型产生了较大的变形和坍塌,具有破坏阶段强地震破坏的特点。

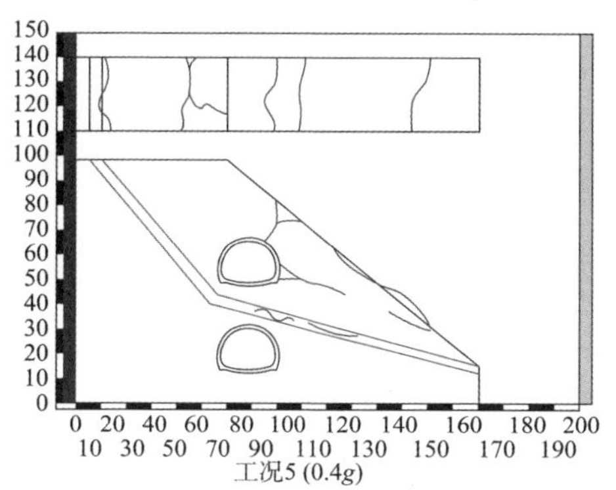

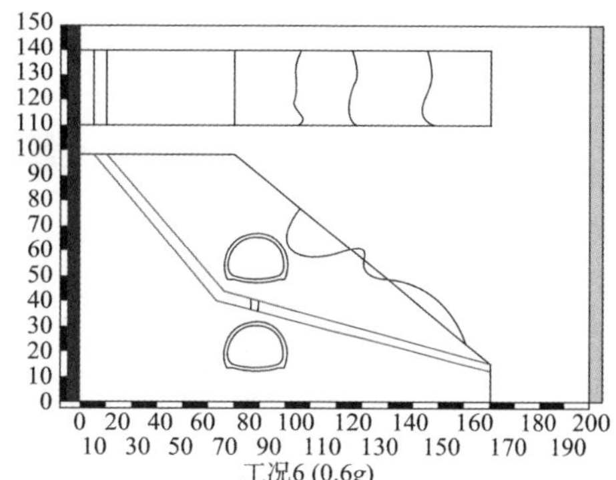

图 5-14　工况 5 ~ 工况 6 的变形和破坏(尺寸单位:cm)

5.6 小　　结

通过振动台试验,研究了坡体病害地段平行立体交叉隧道在地震荷载作用下的动力响应和破坏特性。通过宏观试验现象分析了平行重叠隧道的破坏模式,分别用加速度和动应变对围岩和隧道的动力响应和衬砌破坏进行了评价,主要得到以下结论:

①模型的破坏过程大致可分为 3 个阶段:无明显破坏阶段(0.1 ~0.15g)、变形阶段(0.2 ~0.3g)和破坏阶段(0.4 ~0.6g)。最初在上跨隧道顶部出现裂缝,随着输入地震波峰值的增加,坡顶和立体隧道的交叉段受到破坏;随后上跨隧道顶部的裂缝贯通并撕裂边坡坡面,造成大位移;最后模型坡体被拉开处出现大量块体坍塌、滑落的现象,模型完全破坏。

②从隧道的峰值动应变响应来看,上跨和下穿隧道衬砌外表面的损伤主要出现在右拱腰和左边墙。上跨隧道衬砌内表面的破坏主要表现在左拱腰,下穿隧道衬砌内表面的破坏主要表现在右拱腰、顶拱和仰拱。

③对于平行立体交叉隧道,隧道顶拱和仰拱处的加速度响应与单洞隧道有显著差异。由于交叉段的空间效应和相互影响,上跨隧道的存在对下穿隧道的地震反应有一定的削弱作用,且这种削弱作用对下穿隧道拱顶更为明显。

④从地震波的能量特征值来看,对隧道顶拱和仰拱的影响主要集中在第 1 频带(0.2 ~6.27Hz)和第 2 频带(6.27 ~12.52Hz)地震波上。同时上跨隧道和下穿隧道的能量分布特征不一致,上跨隧道的主要薄弱部位为拱顶,下穿隧道的主要薄弱部位为仰拱。

第6章

坡体病害地段正交立体交叉隧道地震动力响应

随着我国交通建设穿越复杂艰险山区,越来越多的隧道建造在西部高烈度区,常常面临隧道下穿滑坡问题,潜在地震诱发滑坡复活引起的隧道变形问题成为该地区交通隧道运维面临的重大隐患之一。本章以正交立体交叉隧道穿越坡体病害地段为典型案例,首次开展振动台试验,测试得到不同概率水平地震作用特征图像、加速度、动土压力和动应变等多属性地震数据信息。通过模型变形特征、加速度、动土压力和动应变时域特性分析,揭示衬砌结构不同位置的空间动力响应特征。

6.1 振动台模型试验设计

振动台系统及其参数、相似参数及相似设计、模型相似材料制作及试验模型,与平行立体交叉隧道相同(第5.1节),故此处不再赘述。

模型三维设计图如图6-1a)所示,实际填筑完成后的模型如图6-1b)所示。

6.1.1 试验加载方案

本次试验同样选择El-Centro地震波作为振动台试验的输入波。此外,为了探索不同地震波作用下的模型动力响应,还输入了Kobe地震波。本试验中输入的地震波均为水平地震波。当加载峰值为0.1g的Kobe地震波时,采集振动台的加速度时程和频谱曲线如图6-2所示。

为了测试模型的固有频率,在试验开始前向模型中输入0.2~50Hz的正弦扫频,以测试模型的初始动力特性。加载制度如表6-1所示。

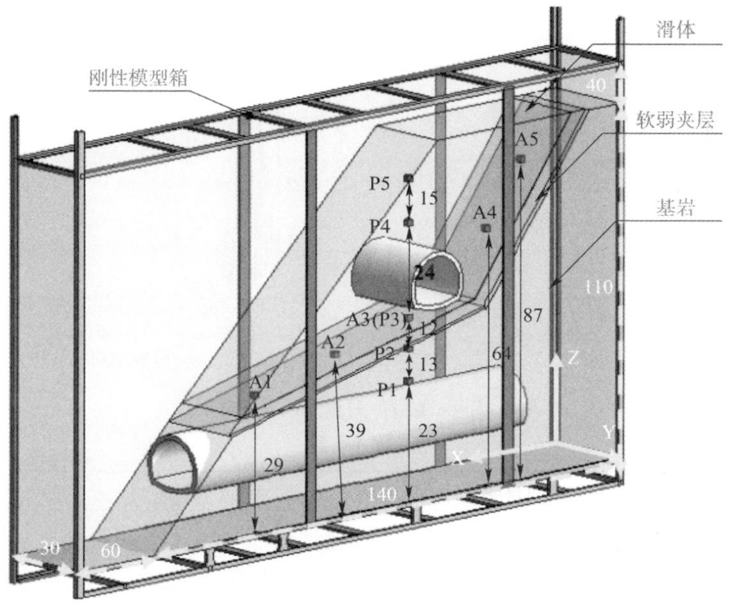

a) 模型三维设计图(尺寸单位：cm)

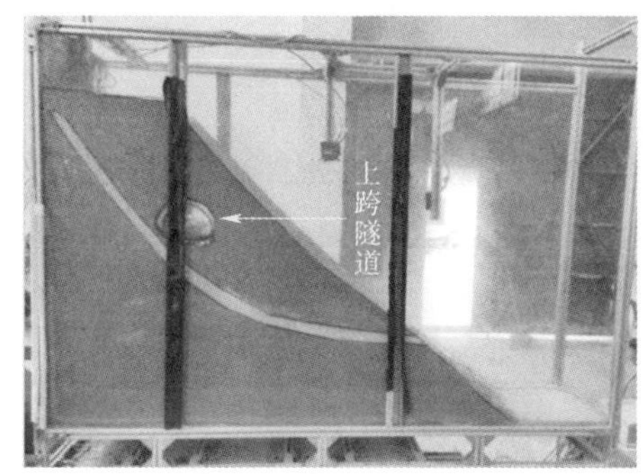

b) 模型实际填筑图

图 6-1　模型图

6.1.2　传感器布置方案

根据设计,在模型预定位置布设加速度传感器,沿软弱夹层断面布置传感器 A1 ~ A5,在坡体内部交叉断面布置传感器 P1 ~ P5。具体布设位置及编号如图 6-1a) 所示。在隧道内、外衬砌表面也布置了应变片,以监测隧道衬砌变形及损伤情况,衬砌外层应变片编号为 S1 ~ S6,内层应变片编号为 S1′ ~ S6′,如图 6-3 所示。

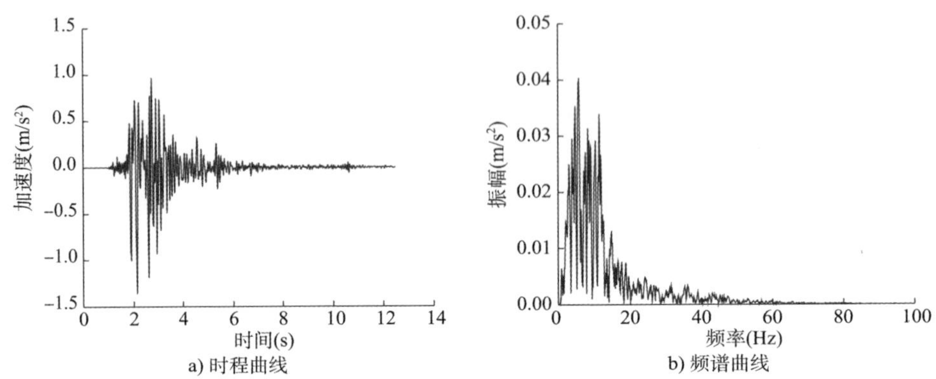

图 6-2 Kobe 地震波时程曲线及频谱曲线

加载制度 表 6-1

工　况	加载地震波	加载方向	输入波峰值(g)
—	正弦扫频	x	0.05
工况 1	Kobe	x	0.10
工况 2	Kobe	x	0.20
工况 3	Kobe	x	0.40
—	正弦扫频	x	0.05
工况 4	El-Centro	x	0.10
工况 5	El-Centro	x	0.15
工况 6	El-Centro	x	0.20
工况 7	El-Centro	x	0.30
工况 8	El-Centro	x	0.40
工况 9	El-Centro	x	0.60
—	正弦扫频	x	0.05

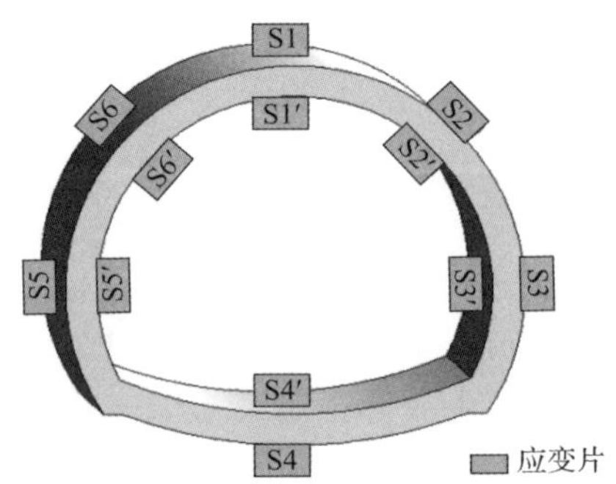

图 6-3 应变片布置

6.2　加速度响应分析

6.2.1　加速度放大系数分析

为了定量表达不同峰值地震波作用下坡体中加速度的变化规律，引入加速度放大系数 AAF(Acceleration Amplification Factor)来描述其放大效应。AAF 的定义为实测加速度与台面加速度的峰值之比。相对高度 Δh 的定义为测点高度与模型高度之比。图 6-4 为含软弱夹层断面及坡体内部交叉断面各测点在地震波作用下的 AAF 分布。

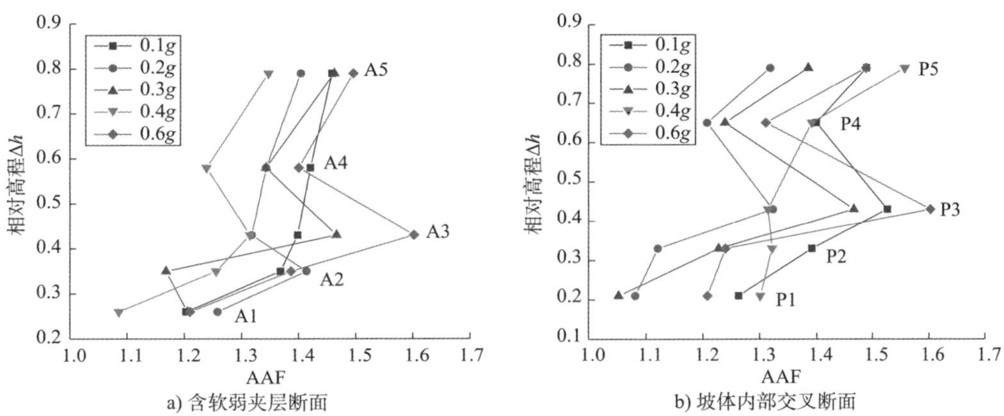

a) 含软弱夹层断面　　b) 坡体内部交叉断面

图 6-4　不同峰值地震波作用下各测点 AAF 分布

由图 6-4a)可以看出，对于含软弱夹层断面各测点而言，其 AAF 沿高程表现出明显的非线性增长特性。在靠近坡脚的 A1 测点处，AAF 较小，这是由于模型下部土体自重作用以及下穿隧道的存在对地震波的传播及加速度放大效应具有一定的削弱。随着高程的增加，AAF 逐渐增大，且在两隧道交叉段的 A3 测点处其 AAF 达到最大。产生这种现象的原因是两隧道的空间效应导致地震波在此处产生了反射和折射作用，出现了加速度的耦合及叠加效应。在靠近坡顶的 A5 测点处，AFF 也较大，水平地震波在此所受到的约束较小，出现了趋表效应；而当地震波传递至坡顶时，波会分裂并叠加，导致靠近坡顶处的加速度响应较为明显。这也与边坡模型破坏过程中坡顶出现塌陷、掉块等现象吻合。

由图 6-4b)可以看出，对于坡体内部交叉断面各测点而言，其 AAF 沿高程表现出锯齿状分布。AAF 沿高程方向先减小后增大，在交叉段 P3 测点处 AAF 达到最大,此后 AAF 先减小后增大。以 P3 测点为分界点,相对高程大于或小于该测点时,其 AAF 都有减小趋势。这是由于地震波穿越了不同岩层界面,根据弹性波散射理论,地震波在传播过程中遇到不同介质分界面时为了保持状态平衡将发生波场分裂现象。对于 P3 测点而言,地震波在坡体、软弱夹层、滑体及衬砌等岩层分界面处出现了反射和折射叠加现象,因此 P3 处形成了复杂的振动波场,使岩土体的动剪切模量减小,阻尼比增大,导致该点的加速度放大效应显著增大。同时,由于软弱夹层断面的抗剪强度相对其余材料较低,在地震惯性力作用下分界面可能会出现错动。

此外,可以看出当输入地震波峰值为 0.6g 时,各测点的 AAF 相较于前一工况产生了较大增幅,这说明在地震荷载累积作用下边坡产生的损伤增大,滤波效果逐渐增强,坡体损伤速率加快,导致模型的完整性大大降低,最终促使模型失稳破坏。

6.2.2 加速度时程曲线分析

通过上述对模型边坡破坏特征及加速度放大系数的分析发现,模型基本在极震工况(0.6g)时发生破坏,因此本节仅对该工况下的加速度响应进行分析,其余工况下加速度时程曲线分布基本相同与其相同,此处不再赘述。在峰值为 0.6g 的汶川地震波作用下,含软弱夹层断面及坡体内部交叉断面各测点的加速度时程曲线如图 6-5 所示。

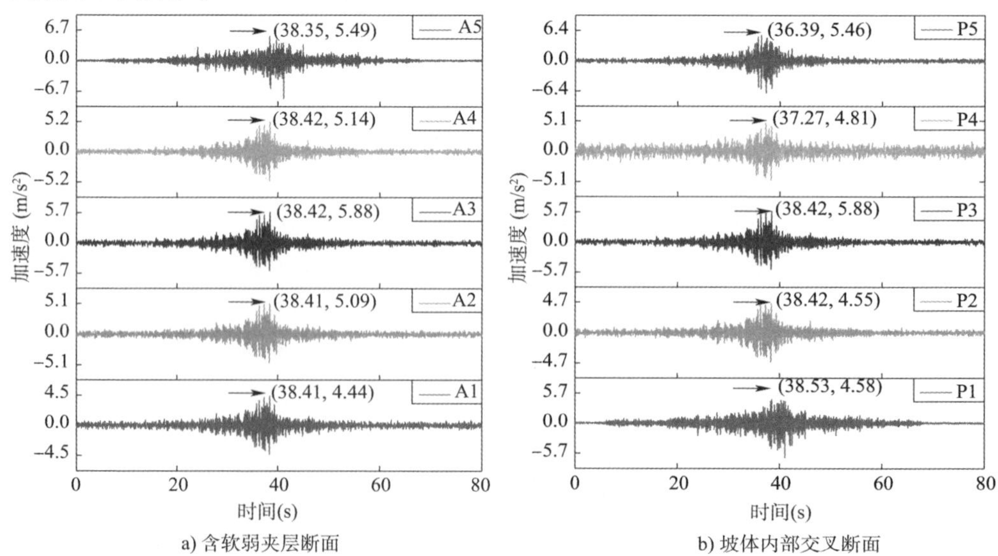

图 6-5 不同测点的加速度时程曲线

由图 6-5 可以看出，在峰值为 0.6g 的汶川地震波作用下，含软弱夹层断面各测点加速度时程曲线基本一致，与所输入汶川地震波密切相关。在极震工况（0.6g）作用下，含软弱夹层断面 A1 ~ A5 测点的加速度峰值分别为 4.44m/s^2、5.09m/s^2、5.88m/s^2、5.14m/s^2、5.49m/s^2，坡体内部交叉断面沿高程方向 P1 ~ P5 测点的加速度峰值分别为 4.58m/s^2、4.55m/s^2、5.88m/s^2、4.81m/s^2、5.46m/s^2。加速度响应沿高程方向具有明显的放大效应，但在两隧道交叉段即 A3（P3）测点出现例外，其加速度峰值明显大于其他测点。分析其原因，是由于软弱夹层的抗剪强度较低，同时两隧道的空间效应导致地震波在此处产生了反射和折射作用，出现了地震波的耦合及叠加效应，从而在交叉段处产生复杂的振动波场，使地震惯性力增大。因此，对于含有立体交叉隧道的边坡而言，坡体内部两隧道交叉段应该是抗震设计重点关注的部位。

此外，可以看出各测点达到峰值的时间不尽相同。对于含软弱夹层断面，A1 ~ A5 测点加速度到达峰值的时间基本在 38s 左右，这表明地震波在软弱夹层中的传播具有明显的连续性。而对于坡体内部交叉断面，加速度到达峰值的时间有较大差异，沿高程方向表现出明显的滞后性，即靠近坡面的测点 P5 最早达到峰值，到达峰值时间为 36.39s，这也与试验现象中模型边坡上部坡面最先出现破坏相吻合。而随着高程的不断减小，地震波穿越了不同的坡体材料，其加速度峰值出现的时间逐渐延后，在靠近坡底位测点 P5 加速度峰值出现的时间最晚，为 38.53s。这说明了坡体材料的阻尼作用吸收了部分能量，对于地震波的传播具有一定的衰减作用，且这种衰减作用沿高程方向最为明显。同时，也说明不同坡体材料对于地震波的滤波效应不同。

6.3　动应变响应分析

6.3.1　衬砌应变峰值分析

图 6-6 为上跨隧道在 Kobe 地震波作用下的动应变峰值（受拉为正，受压为负）。在不同水平地震加载波激励下，隧道衬砌环面不同部位处于拉-压循环状态，从而产生不协调变形。

由图 6-6a）可知，上跨隧道衬砌内层在拱顶（S1）及左、右拱腰（S6 及 S2）均处于拉-压循环状态，左、右两侧拱脚（S5 及 S3）承受拉应变，仰拱（S4）承受压应变。在峰值为 0.1g 的地震波作用下，上跨隧道衬砌内层应变峰值以拉应变为主，呈现出“类矩形”分布；拱顶（S1）处受压应变，左、右拱腰（S6 及 S2）受拉应变，最大应变出现在仰拱（S4）处，为 $-23.40\mu\varepsilon$。输入地震波峰值增大到 0.2g 时，各测点处的应变响应都出现了明显增大，拱顶（S1）处的压应变转化为拉应变，右拱腰的拉应变转化为压应变，说明此时右侧拱腰及拱顶衬砌已出现了损伤；最大应变出现在拱顶（S1）处，为54.69με。当输入地震波峰值增大到0.4g时，上跨隧道衬砌内层应变峰值以压应变为主，呈现出“类三角形”分布；左侧拱腰（S6）处的拉应变转换为压应变，最大应变出现在仰拱（S4）处，为−77.52με。当输入地震波超出隧道衬砌本身的阻尼阈值，结构物阻尼效应来不及发挥，导致各部位动应变发生拉-压瞬时突变，判断隧道衬砌已经产生损伤破坏。总体来看，当输入地震波峰值由0.1g逐渐增大至0.4g时，上跨隧道衬砌内层应变由“类矩形”分布逐渐变为“类三角形”分布，在拱顶（S1）及左、右两侧拱脚（S5及S3）处产生应变集中现象；由于更靠近临空面，拱顶处出现破坏时间较早且破坏较为严重；由于空间效应及地震波在隧道间的折射及反射，上跨隧道仰拱处的应变响应最大，此处产生的破坏最为严重。

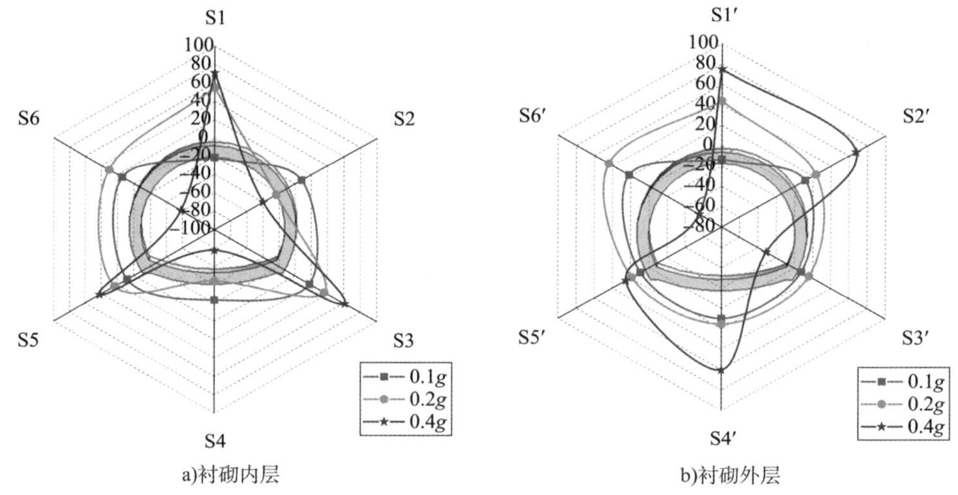

a)衬砌内层　　b)衬砌外层

图6-6　动应变峰值

由图6-6b）可知，在地震荷载作用下，上跨隧道衬砌外层主要表现为拉应变，拱顶（S1′）、右侧拱脚（S3′）及左侧拱腰（S6′）均处于拉-压循环状态，其余部位均承受拉应变。在峰值0.1g的地震波作用下，上跨隧道衬砌外层应变峰值以拉应变为主，仅拱顶（S1′）处受压应变，呈现出“类圆形”分布；最大应变出现在左侧拱腰（S6′）处，为21.88με。随着输入地震波峰值增大到0.2g，应变峰值包络圈向外侧逐渐扩散，且各测点处均表现为拉应变；其最大应变出现在左侧拱腰（S6′）处，为44.16με。当输入地震波峰值为0.4g时，上跨隧道衬砌外层应变由“类圆形”分布逐渐表现为“类骨形”分布，在右侧拱脚（S3′）及左侧拱腰（S6′）处动应变发生拉-

压瞬时突变,从而产生不协调变形,表明此时这些部位可能已产生损伤;最大应变出现在拱顶(S1′)处,为74.16με。总体来看,当输入地震波峰值由0.1g逐渐增大至0.4g时,上跨隧道衬砌外层应变由“类圆形”分布逐渐变为“类骨形”分布,拱顶(S1′)及仰拱(S4′)处应变响应较大,基本与内层衬砌表现吻合。由此可推断上跨隧道拱顶及仰拱易成为抗震设计的薄弱环节。

上述分析表明,地震动荷载对于隧道衬砌是非常危险的,即便地震动荷载较小,但如果振动持时较长,衬砌长期处于拉-压循环的疲劳状态,仍会逐渐造成衬砌结构的失效。

6.3.2 衬砌应变时程分析

通过上述对隧道衬砌动应变的分析发现,衬砌基本在加载峰值0.4g的地震波时发生损伤破坏,因此本节仅对该工况下的动应变响应进行分析,其余工况下动应变时程曲线基本与其相同,此处不再赘述。

图6-7为上跨隧道在峰值0.4g的Kobe地震波作用下,内、外层衬砌动应变时程。由图6-7可以看出,在峰值0.4g的Kobe波作用下,衬砌内、外层各测点应变峰值表现出不同的拉压状态,上跨隧道拱顶及左拱脚均受拉应变,左拱腰受压应变,而仰拱、右拱腰及右拱脚衬砌内、外层均表现出拉-压或压-拉状态,说明在地震荷载作用下上跨隧道右侧衬砌会产生不均匀变形,更易发生损伤。

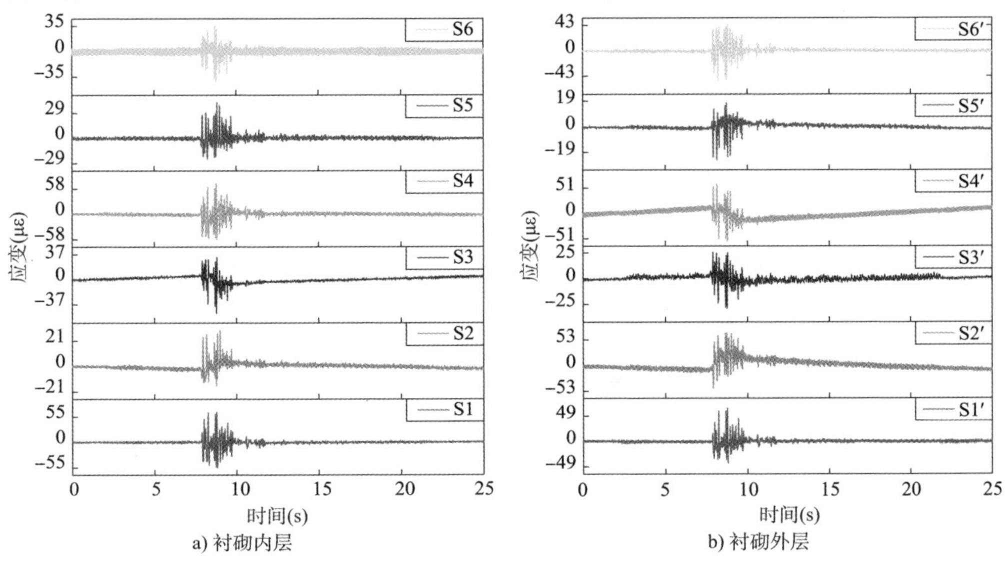

图6-7 动应变时程

为了更准确地对比同一工况下,上跨隧道内、外层衬砌应变时程响应情况,提取图中应变峰值及时刻进行对比分析,见表 6-2 及表 6-3。

内层动应变峰值、时刻表 表 6-2

测　　点	峰值(με)	时刻(s)
S1	71.07526	8.82
S2	-39.98788	8.99
S3	61.21961	8.77
S4	-77.52349	8.77
S5	41.73155	8.83
S6	-58.19077	8.72

外层动应变峰值、时刻表 表 6-3

测　　点	峰值(με)	时刻(s)
S1′	74.98347	8.82
S2′	67.76301	8.67
S3′	-30.94697	8.77
S4′	60.35702	8.17
S5′	25.08404	8.83
S6′	-54.98615	8.83

由表中可以看出,衬砌应变峰值出现时刻基本处于 8 ~9s,但各测点间仍有较大差异。对于衬砌内层应变而言,最大应变出现在仰拱(S4)处,为 -77.52με,出现时间为 8.77s,右侧拱脚(S3)峰值出现时间与仰拱相同。以仰拱(S4)处应变峰值出现时间为基准,拱顶(S1)、右侧拱腰(S2)及左侧拱脚(S5)出现峰值滞后现象,滞后时间分别为 0.05s、0.22s 及 0.06s,这是由于地震波在传递过程中,围岩阻尼发挥了能量消散和迟缓效应,延缓了地震波达到峰值的时间;而左侧拱腰(S6)出现峰值滞前现象,滞前时间为 0.05s。对于衬砌外层应变而言,最大应变出现在拱顶(S1′)处,为 74.16με,出现时间为 8.82s。以拱顶(S1′)处应变峰值出现时间为基准,左侧拱脚(S5′)及左侧拱腰(S6′)出现峰值滞后现象,滞后时间均为 0.01s;而右侧拱腰(S2′)、右侧拱脚(S3′)及仰拱(S4′)出现峰值滞前现象,滞前时间分别为 0.15s、0.05s 及 0.65s。

通过上述分析发现,在峰值 0.4g 的 Kobe 地震波作用下,上跨隧道内外层衬砌结构物阻尼效应导致拉-压变化时间出现相对滞后或滞前现象。具体来说,隧道内层衬砌主要出现相对峰值滞后现象，右侧拱腰（S6）应变出现峰值时间最早；而隧道外层衬砌主要出现相对峰值滞前现象，仰拱（S4′）应变出现峰值时间最早。

6.4　动力反应谱分析

在地震波能量传播过程中，围岩和结构的强度和刚度越高，越利于能量传播。对于含有结构物的边坡而言，若边坡体局部位置出现了震害破坏，将导致地震波在边坡损伤部位不能完整地传播，而损伤部位所产生的能量耗散将引起加速度信号能量谱值的变化。为更加详细地从能量传播角度研究含有立体交叉隧道边坡的震害损伤及动力特性，采用希尔伯特-黄变换（HHT）对坡体内部的加速度信号进行分析。

1998 年 N. E. Huang 等在 Hilbert 变换的基础上引入经验模态分解（EMD）和固有模态函数（IMF），提出了一种新的信号处理方法——希尔伯特-黄变换，其实质是对非平稳信号进行了平稳化处理。对于某一时间序列信号 $X(t)$ 进行希尔伯特变换（HT），如式（6-1）所示：

$$Y(t) = \frac{1}{\pi} P \int_{-\infty}^{\infty} \frac{X(\tau)}{t-\tau} \mathrm{d}\tau \tag{6-1}$$

式中：P——柯西主值，一般取 1。

在此基础上，构造出解析函数 $Z(t)$：

$$Z(t) = X(t) + \mathrm{i}Y(t) = a(t)\mathrm{e}^{\mathrm{i}\theta(t)} \tag{6-2}$$

式中：$a(t)$——峰值函数；

$\theta(t)$——相位函数。

$$a(t) = [X^2(t) + Y^2(t)]^{1/2} \tag{6-3}$$

$$\theta(t) = \arctan[X(t)/Y(t)] \tag{6-4}$$

推导得出 HHT 时频谱：

$$H(t,\omega) = \sum_{j=1}^{n} a_j(t,\omega_j) \tag{6-5}$$

式中：ω_j——瞬时频率，$\omega_j = \mathrm{d}\theta(t)/\mathrm{d}t$；

$a_j(t,\omega_j)$——对应峰值。

6.4.1　HHT 时频谱分析

对软弱夹层段面测点（A1 ~ A5）及坡体内部中心交叉断面测点（P1 ~ P5）在峰

值0.6g的汶川地震波作用下采集到的加速度信号进行HHT变化，得到其时频谱，见图6-8。由图6-8可以看出，各测点地震信号能量分布较为集中，地震信号峰值与其时程及频率都存在密切联系，且卓越频率主要集中在低频段(0～20Hz)，峰值时间主要集中在20～60s。

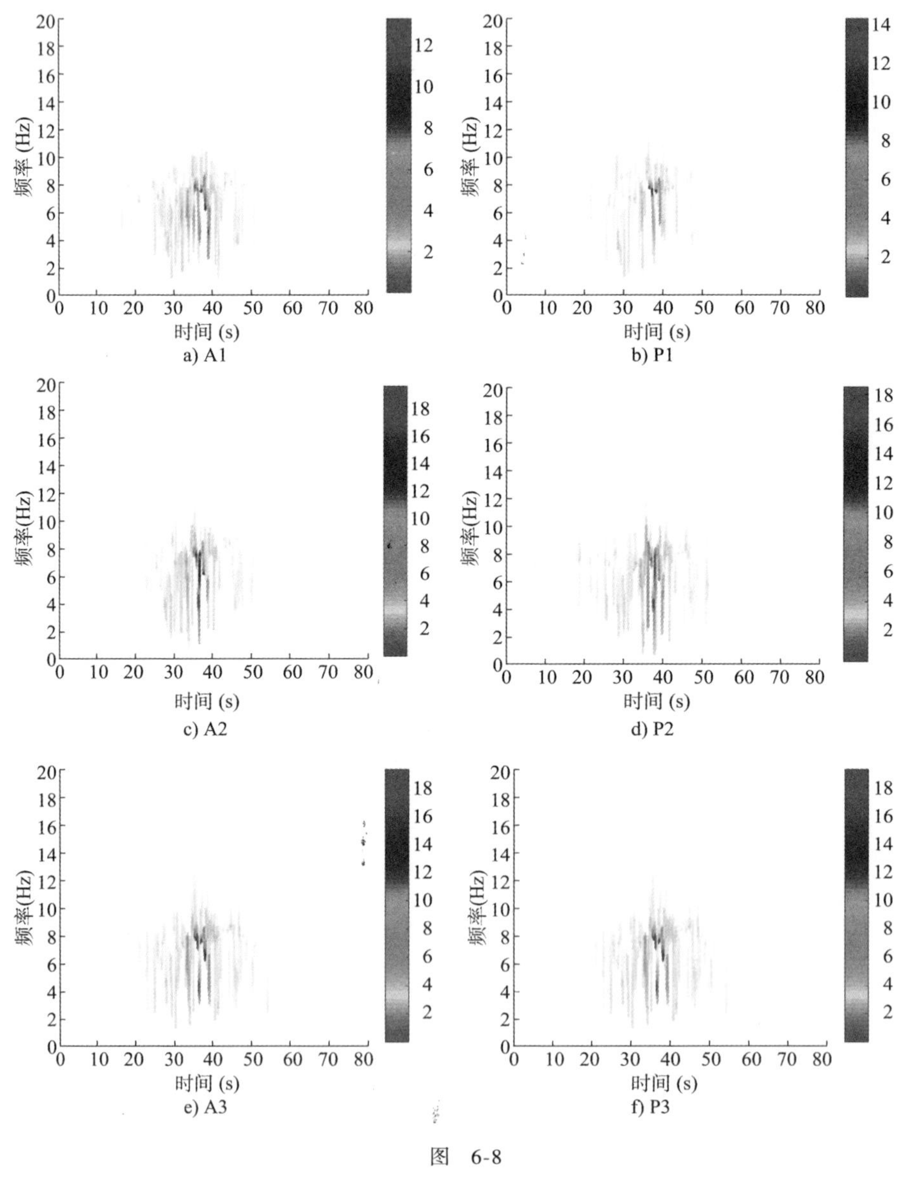

图 6-8

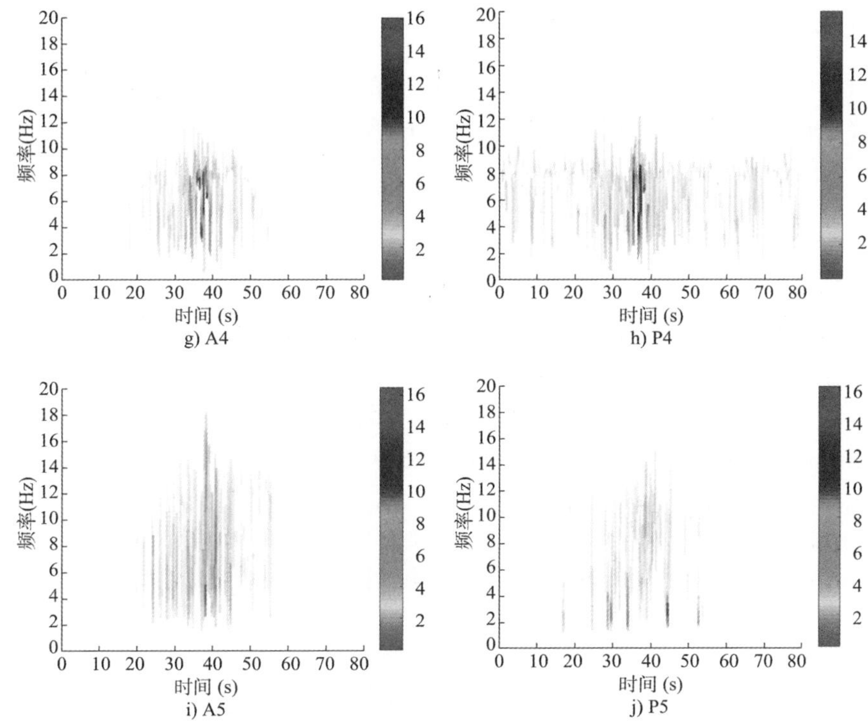

图 6-8 各测点 HHT 时频谱

对于软弱夹层段面而言，A1 及 A2 测点的峰值主要集中在 3～7Hz，A3 测点的峰值主要集中在 3～8Hz，A4 测点的峰值主要集中在 5～9Hz，A5 测点的峰值主要集中在 6～12Hz。说明随高程增大，卓越频率有向高频迁移的趋势，但仍由相对低频的信号起主导作用。所加载地震波经过边坡时，阻尼作用吸收了部分能量，表明边坡对高频地震波具有一定的滤波作用。对于 A1～A5 测点，其时域表现出相似规律，即在 25～45s 内各测点峰值变化较为明显，且在 25～33s 内峰值平稳减小，在 33～38s 内峰值逐渐增大并达到最大值，在 38～45s 内峰值衰减并逐渐趋于 0。

对于坡体内部交叉断面而言，P1 测点的峰值主要集中在 3～5Hz，P2 及 P3 测点的峰值主要集中在 3～8Hz，P4 测点的峰值主要集中在 4～10Hz，P5 测点的峰值主要集中在 8～12Hz。同样，随高程增大，各测点卓越频率有向高频迁移的趋势。各测点在时域表现出明显的差异性；P1～P3 测点峰值集中在 25～45s 内；P4 测点的峰值分布范围较广，为 10～70s；P5 测点的峰值分布范围为 18～53s。这表明在穿越岩层分界面前后，不同坡体材料对地震波的滤波效应不同，地震波的频谱成分及组成发生了改变，从而导致峰值的改变。

6.4.2 HHT 边际谱分析

HHT 中,定义边际谱为其时频谱在时间上的积分,其实质为信号瞬时频率 w 下的总峰值或总能量大小,其表达式如式(6-6)所示:

$$h(t,\omega) = \int_0^T H(t,\omega)\,\mathrm{d}t \tag{6-6}$$

在逐级增强的地震波激励下,边坡体出现明显震害破坏时其边坡结构整体稳定性将会降低,局部位置的能量变化会导致其边际谱发生改变。因此,通过对模型边坡典型测点所采集到加速度信号的边际谱变化趋势进行分析,可以判断在不同地震荷载作用下边坡体损伤的发展过程及能量耗散情况。

在峰值 0.6g 的地震波作用下,软弱夹层断面测点(A1 ~ A5)及坡体内部中心交叉断面测点(P1 ~ P5)的 HHT 边际谱如图 6-9 所示。

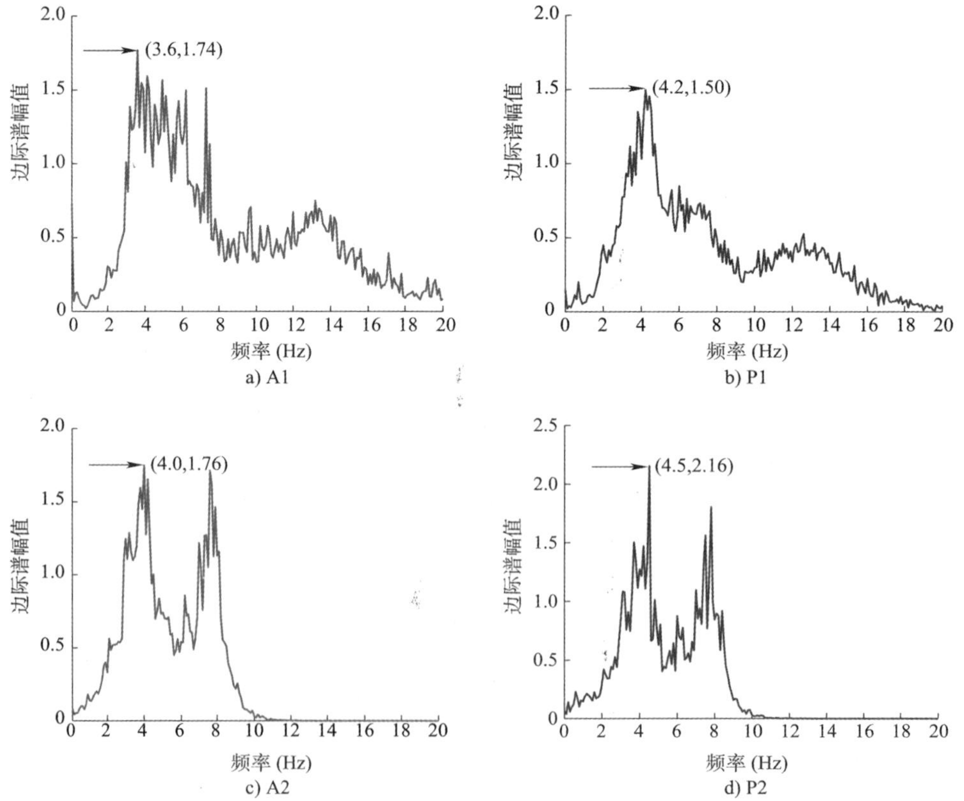

图 6-9

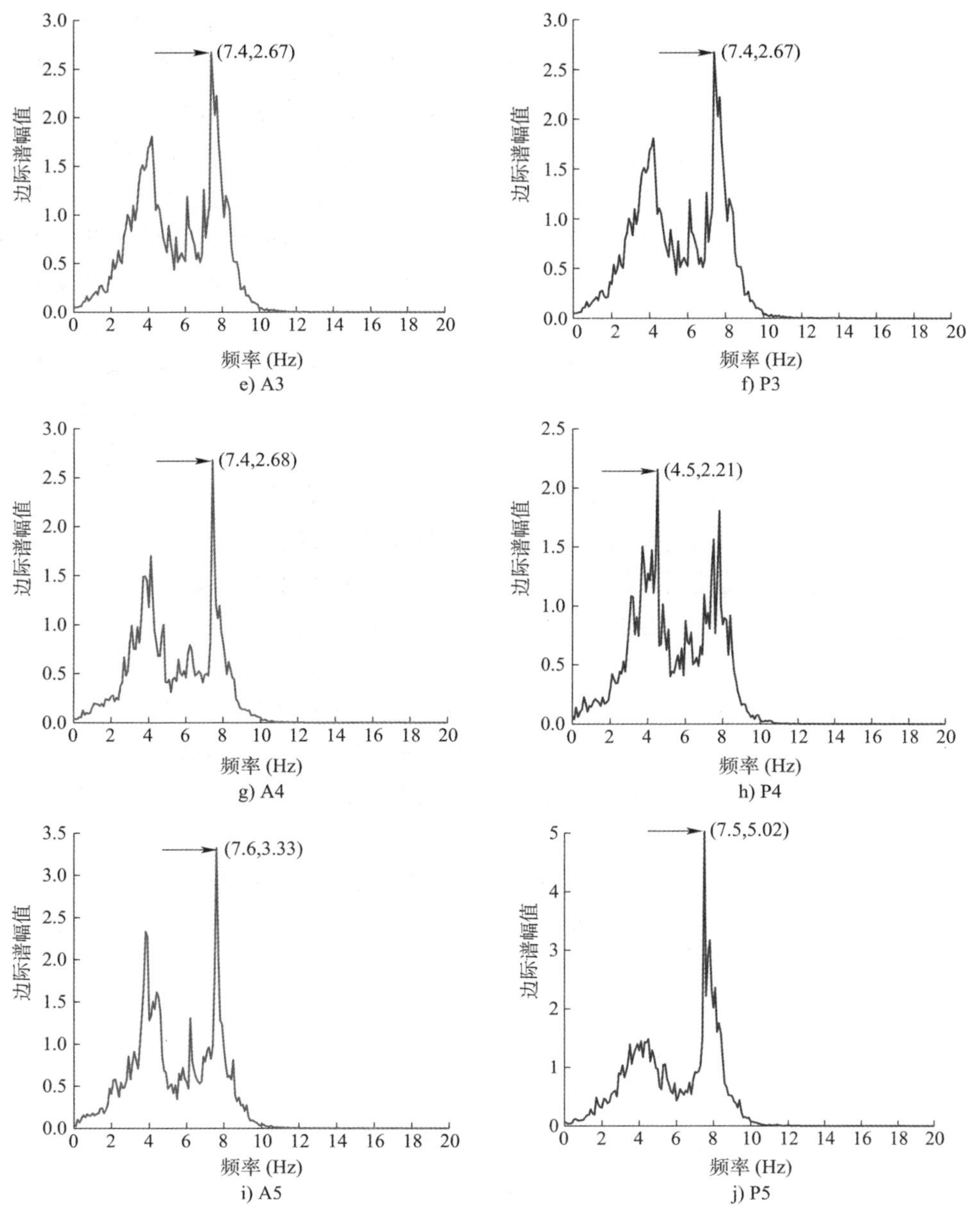

图 6-9 各测点 HHT 边际谱

对于含软弱夹层断面而言,随高程的增大其边际谱峰值逐渐增大,A1 ~ A5 测点边际谱峰值分别为 1.74、1.76、2.67、2.68 及 3.33,且后一测点分别为前一测点的 1.01、1.52、1.00 及 1.24 倍。可以看出 A1 及 A2 测点边际谱峰值平缓增长且边际谱峰值变化不大，说明在边坡在峰值 0.6g 的地震波作用下，靠近坡脚处未出现明显的地震破坏，这也从侧面表明了下穿隧道的存在阻隔了边坡破坏的延续性，使下穿隧道下部的边坡岩体得到保护。而在 A3 测点处（即两隧道交叉段），边际谱峰值发生了明显突变，且 A4 测点处边际谱峰值与 A3 测点基本相同，这说明 A3 及 A4 测点处地震波的频率及能量特征发生了改变，地震波传递的连续性被破坏，导致其边际谱峰值突变。从坡体损伤方面来看，某一测点的边际谱峰值发生明显突变时，表明该部位可能出现明显的震害损伤。同理，可以看出 A5 测点的边际谱峰值发生了突变，说明靠近坡顶处出现了变形破坏。

对于坡体内部交叉断面而言，沿高程方向从坡底至坡顶，P1 ~ P5 测点边际谱峰值分别为 1.50、2.16、2.67、2.21 及 5.02，且后一测点分别为前一测点的 1.44、1.24、0.83 及 2.27 倍。靠近坡脚处的 P1 测点的边际谱峰值分布较广，这可能是由于随着输入地震动峰值的增大，坡脚损伤累积至出现了部分细小裂缝，在裂缝未发育时地震波在孔隙内折射、反射，导致其频谱分布较广，但其峰值较小。随着高程的增大，在靠近隧道及软弱夹层部位，隧道衬砌及岩土体对地震波具有明显的滤波效应，频带分布逐渐收缩。在 P2 及 P3 测点，边际谱峰值发生了明显突变，说明这些部位已经出现了震害损伤。由于软弱夹层消耗了部分能量，使 P4 测点边际谱峰值出现减小。在靠近坡顶的 P5 测点，边际谱峰值突变最为明显，表明该部位损伤最为严重，这也反映了上跨隧道的存在会加快或恶化隧道上部坡顶部分的震害损伤。因此对于含立体交叉隧道的边坡而言，在抗震设计时应该对坡顶处采取相关措施以提高其抗震等级。

通过上述分析表明，边际谱峰值的变化趋势可反映边坡的损伤过程，即某部位测点边际谱峰值较小或平稳增大时，边坡体可能出现轻微损伤；而边际谱峰值较大或发生突变时，坡体会出现严重的震害破坏。

6.5 变形破坏特征分析

宏观试验现象是分析模型变形破坏最直观的手段。需要说明的是，在试验从开始到结束的整个过程中，后续的加载都在前一工况基础上继续进行，未人为干预将模型恢复到初始状态。通过对模型变形破坏过程进行观察及总结，发现：

①在加载峰值 0.1g 的汶川波地震时，模型坡体及坡面并未出现明显的破坏现象。

②当加载峰值 0.2g 的汶川地震波时，坡体顶部逐渐出现了轻微掉块现象，上

跨隧道拱顶处出现水平细小裂缝，同时沿软弱夹层中上部及靠近隧道处产生了斜向裂缝，如图 6-10a）所示。这是由于水平地震波引起的水平拉应力使边坡中上部首先产生裂缝。

③当加载峰值 0.3g 的汶川地震波时，边坡中原有的裂缝开始扩展和发育，坡顶出现约为 2cm 的震陷；此外，在软弱滑动面两侧边界出现了剪切错动带，并产生侧翼剪张裂缝，如图 6-10b）所示。说明此时坡体已经进入变形阶段，土体对地震波的滤波效应逐渐增强，加速了坡体的累积损伤。

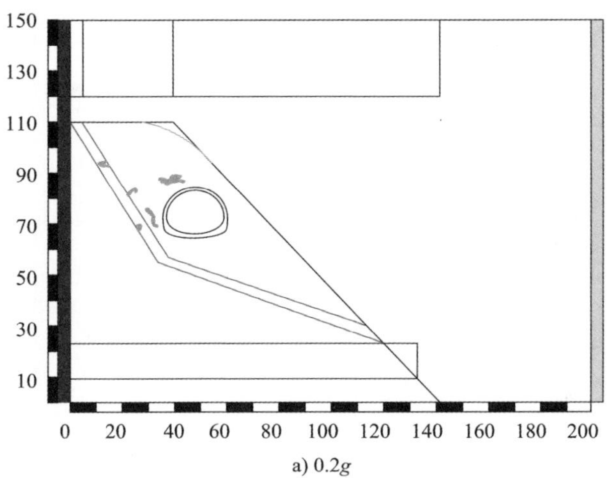

a) 0.2g

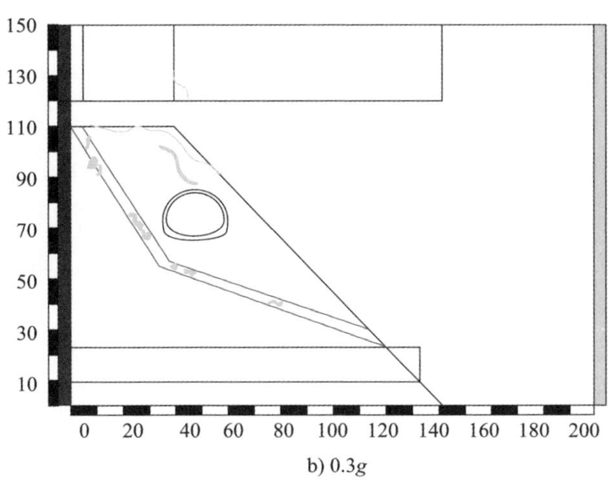

b) 0.3g

图　6-10

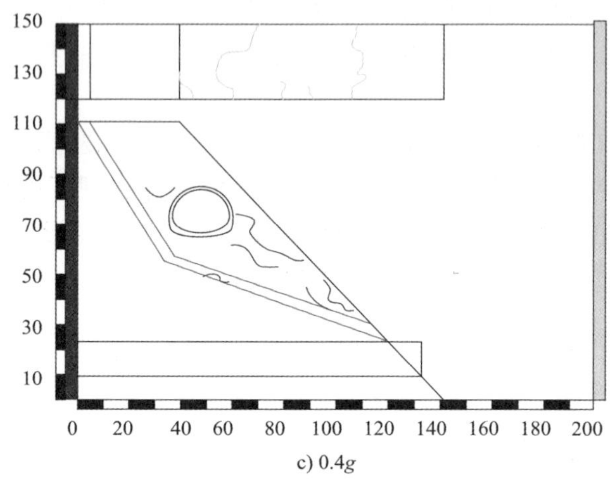

c) 0.4*g*

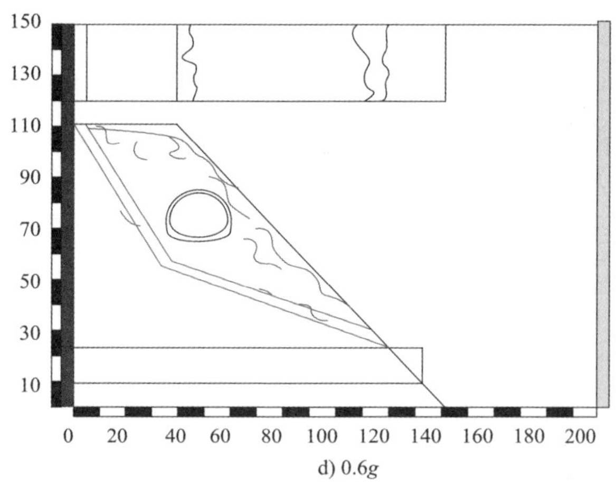

d) 0.6*g*

图 6-10 加载不同峰值的地震波时的模型变形破坏现象(尺寸单位:cm)

④加载峰值 0.4*g* 的汶川地震波后,坡顶及中上部坡面都出现了不同宽度的贯通裂缝,裂缝逐渐由中上部向下部扩散迁移至下穿隧道拱顶附近,如图 6-10c)所示。这是因为坡体的刚度降低、阻尼比增大。

⑤当加载峰值 0.6*g* 的汶川地震波后,纵向裂缝沿下穿隧道拱顶不断发育并贯穿坡体,坡体被该裂缝撕裂,产生了较大位移;坡体撕裂处出现大量块体坍塌、滑落的现象,且块体堆积在下穿隧道洞口处,如图 6-10d)所示。边坡此时已产生较大的变形和坍塌,具有强震破坏的特点。

通过上述分析,含软弱夹层的立体交叉隧道边坡在地震荷载作用下,裂缝及破坏开始主要集中在边坡中上部,随后软弱滑动面两侧边界出现了剪切错动带,边坡上部岩层滑动挤压下部产生变形,最终导致边坡滑动。同时,边坡中上部所产生的震害较早且破坏也更为严重,说明上跨隧道的存在会加快或恶化坡体中上部的震害损伤;而下穿隧道的存在阻断了坡体地震破坏的连续性,对下部边坡起到一定的保护作用。

6.6 小　　结

为了研究含立体交叉隧道边坡的地震破坏模式及动力响应特性,设计并开展了大型振动台试验,通过宏观试验现象总结了边坡变形破坏特征,在此基础上通过加速度响应及希尔伯特-黄变换对边坡的地震响应特性及损伤过程进行了详细分析。研究得到以下结论:

①在地震荷载作用下,含软弱夹层的立体交叉隧道边坡裂缝及破坏开始主要集中在边坡中上部,随后软弱滑动面两侧边界出现了剪切错动带,边坡上部岩层滑动,挤压下部,产生变形,最终导致边坡滑动。边坡中上部所产生的震害较早且破坏也更为严重,说明上跨隧道的存在会加快或恶化坡体中上部的震害损伤;而下穿隧道的存在阻断了坡体地震破坏的连续性,对下部边坡起到一定的保护作用。

②对于含软弱夹层断面各测点而言,其 AAF 沿高程表现出明显的非线性增加特性;对于坡体内部隧道交叉断面各测点而言,其 AAF 沿高程表现为锯齿状分布。且 AAF 在交叉点(A3 及 P3)都达到最大,相对高程大于或小于该测点时,其 AAF 都有减小趋势。

③地震波在穿越岩层分界面前后,坡体、软弱夹层、滑体及衬砌等岩层分界面处地震波出现了反射和折射叠加现象,在交叉点处形成了复杂的振动波场,导致该点的地震动力响应显著增大。因此,坡体内部两隧道交叉段应该是抗震设计中重点关注的部位。

④HHT 时频谱的变化趋势表明随高程增大,各测点的卓越频率有由低频向高频迁移的趋势,但仍由相对低频信号起主导作用,说明边坡及隧道对高频地震波具有一定的滤波作用。

⑤HHT 边际谱峰值的变化趋势可反映边坡的损伤过程,即某部位测点边际谱峰值较小或平稳增大时,边坡体可能出现轻微损伤;而边际谱峰值较大或发生突变时,坡体会出现严重的震害破坏。此外,坡体中上部分的边际谱峰值在高、低频之间迁移,说明上跨隧道坡体中上部是地震的敏感区。

需要说明的是,本章旨在研究含有立体交叉隧道边坡的地震动力响应,而未探讨立体交叉隧道本身的破坏及动力响应,同时由于软弱夹层对于隧道边坡的影响较为复杂,后期仍需进一步对立体交叉隧道的动力响应及两者之间的相互影响进行量化分析,所得结论也需要更多试验和数值模拟的补充和验证。

参 考 文 献

[1] YAMAGUCHI I, YAMAZAKI I, KIRITANI Y. Study of ground-tunnel interactions of four shield tunnels driven in close proximity, in relation to design and construction of parallel shield tunnels[J]. Tunneling and Underground Space Technology, 1998, 13(03): 289-304.

[2] 曾小清. 多孔隧道施工的研究进展[C]//中国岩石力学与工程学会. 全国岩土力学与工程学术讨论会论文集. 1999.

[3] 郑余朝. 地铁区间重叠隧道近接施工力学行为三维数值模拟[D]. 成都:西南交通大学,2000.

[4] 龚伦,仇文革. 既有铁路隧道受下穿引水隧洞近接施工影响预测[J]. 中国铁道科学,2007(04):29-33.

[5] 周斌,林承华,龚伦. 高速公路隧道施工对既有铁路隧道的影响分析[J]. 山西建筑,2012,38(28):171-173.

[6] 龚伦. 上下交叉隧道近接施工力学原理及对策研究[D]. 成都:西南交通大学,2008.

[7] 包德勇. 近距离交叠隧道施工影响的数值模拟[J]. 地下空间与工程学报,2011,7(01):127-132 +206.

[8] 叶飞,丁文其,熊冬才,等. 公路隧道下穿已运营铁路隧道施工及安全监控[J]. 现代隧道技术,2006(3):31-34 +41.

[9] 傅强,张细宝. 龙风隧道下穿尖山子隧道施工[J]. 隧道建设,2006,26(5):66-69.

[10] 陈国兴. 岩土地震工程学[M]. 北京:科学出版社,2007.

[11] 杨利海. 地震荷载下立体交叉隧道的安全性评价[D]. 石家庄铁道大学,2010.

[12] 周健,胡晓燕. 上海软土地下建筑物抗震稳定分析[J]. 同济大学学报,1998,26(5):6.

[13] 李玉峰,彭立敏,雷明锋. 高速铁路交叉隧道动力学问题研究综述[J]. 现代隧

道技术,2015,52(2):8-15.
[14] 祁生文. 岩质边坡动力反应分析[M]. 北京:科学出版社,2007.
[15] HUO H,BOBET A. Seismic design of cut and cover rectangular tunnels—evaluation of observed behavior of Dakai Station during Kobe Earthquake, 1995 [C]//Proceedings of the First World Forum of Chinese Scholars in Geotechnical Engineering. 2003:456-466.
[16] 杨超,杨林德,季倩倩. 软土地铁车站地震响应数值计算方法的研究[J]. 地下空间,2006,2(1):87-91.
[17] 胡建平,刘亚莲. 浅埋交叉隧道地震动力响应及减震措施研究[J]. 地下空间与工程学报,2015,11(03):759-765.
[18] 胡建平,刘亚莲. 复杂环境条件下交叉隧道地震动力响应分析[J]. 工程抗震与加固改造,2013,35(03):37-41+47.
[19] 胡建平,刘亚莲. 软土地基中立体交叉隧道地震动力响应分析[J]. 四川建筑科学研究,2013,39(02):240-243.
[20] 王伯超,王鑫,杨柳君,等. 基于 IDA 分析法的公路隧道衬砌抗震性能分析[J]. 铁道标准设计,2020,64(05):96-102.
[21] 蔡海兵,彭立敏,李兴龙. 工作竖井与隧道连接处支护结构横向地震响应分析[J]. 自然灾害学报,2011,20(2):188-195.
[22] 李永靖,马启郁,张淑坤,等. 软土矩形地铁隧道地震反应特性分析[J]. 中国地质灾害与防治学报,2019,30(04):105-107.
[23] 刘妮娜,赵腾,谢小丽,等. 邻近地裂缝地铁隧道地震响应分析[J]. 铁道建筑,2019,59(02):86-88.
[24] 刘晓敏,盛谦,陈健,等. 大型地下洞室群地震模拟振动台试验研究(I):岩体相似材料配比试验[J]. 岩土力学,2015,36(1):84-88.
[25] 李云,邹威,韩风雷,等. 高寒公路隧道温度场研究综述[J]. 科技视界,2013(26):350.
[26] 李术才,周毅,李利平,等. 地下工程流-固耦合模型试验新型相似材料的研制及应用[J]. 岩石力学与工程学报,2012,31(6):1128-1137.
[27] 陶智辉. 洞穴卸压煤层气开发韧性围岩相似材料模拟实验研究[D]. 北京:中国矿业大学,2019.
[28] 吴耀宗,朱明,肖海波,等. 引水隧道围岩相似材料的试验研究[J]. 路基工程,2010(4):193-194.

[29] 吴耀宗. 强震区公路隧道结构安全模糊综合评判方法的研究[D]. 成都：西南交通大学，2011.

[30] 张涛. 地下结构振动台试验刚性模型箱边界效应研究[D]. 成都：西南交通大学，2018.

[31] 张涛，高波，范凯祥，等. 地震作用下振动台试验刚性模型箱侧壁柔性材料研究[J]. 岩石力学与工程学报，2018，37(10)：2416-2424.

[32] 徐炳伟，姜忻良. 大型复杂结构-桩-土振动台模型试验土箱设计[J]. 天津大学学报，2010，43(10)：913-918.

[33] 蔡隆文，谷音，卓卫东，等. 基于有限元分析的振动台试验土箱边界效应研究[C]//第23届全国结构工程学术会议论文集. 2014：328-335.

[34] 程学磊，崔春义，孙宗光. 饱和软土自由场地地震反应特性振动台试验[J]. 地震工程学报，2019，41(01)：108-116.

[35] CILINGIR U，MADABHUSHI S P G. A model study on the effects of input motion on the seismic behavior of tunnels[J]. Soil Dynamics & Earthquake Engineering，2011，31(3)：453-462.

[36] SUN T，YUE Z，GAO B，et al. Model test study on the dynamic response of the portal section of two parallel tunnels in a seismically active area[J]. Tunneling & Underground Space Technology，2011，26(2)：391-397.

[37] CHEN J，SHI X，LI J. Shaking table test of utility tunnel under non-uniform earthquake wave excitation[J]. Soil Dynamics & Earthquake Engineering，2010，30(11)：1400-1416.

[38] 李育枢，李天斌，王栋，等. 黄草坪2#遂道洞口段减震措施的大型振动台模型试验研究[J]. 岩石力学与工程学报 2009，28(6)：1128-1136.

[39] 徐华，李天斌，王栋，等. 山岭隧道地震动力响应规律的三维振动台模型试验研究[J]. 岩石力学与工程学报，2013(9)：1763-1771.

[40] 邹炎，景立平，李永强. 隧道穿过土层分界面振动台模型试验研究[J]. 岩石力学与工程学报，2014，33(S1)：3340-3348.

[41] 刘聪，彭立敏，雷明锋，等. 立体交叉隧道结构地震动力响应特性及其相互影响规律振动台试验及数值仿真研究[J]. 振动与冲击，2019，38(19)：234-241.

[42] 任洋，李天斌，赖林. 强震区隧道洞口段边坡动力响应特征离心振动台试验[J]. 岩土力学，2020，41(05)：1605-1612+1624.

[43] 范凯祥，申玉生，高波，等. 穿越软硬围岩隧道设置减震层振动台试验研究

[J]. 土木工程学报,2019,52(09):109-120+128.

[44] 中铁九局集团有限公司. 快速铁路隧道立体交叉段围岩力学分析与施工关键技术应用一体化研究[R]. 2017.

[45] 李玉峰,彭立敏,雷明锋. 交叉隧道工程设计施工技术研究进展[J]. 铁道科学与工程学报,2014,11(01):67-73.

[46] 许东. 公路隧道复杂交叉结构设计及施工方案优化研究[D]. 西安:长安大学,2009.

[47] 余先知,王骁男,庞林军,等. 复杂地形立体交叉隧道施工工序的数值仿真研究[J]. 四川建筑,2019,39(04):236-239.

[48] 陈涛. 小间距立体交叉隧道上穿施工结构变形分析[J]. 铁道建筑技术,2020(06):108-112.

[49] LIU B,YU Z,HAN Y,et al. Analytical solution for the response of an existing tunnel induced by above-crossing shield tunneling[J]. Computers and Geotechnics,2020,124:103624.

[50] 王晓杰,王渭明,杜德持,等. 小净距立体交叉隧道流固耦合研究[J]. 防灾减灾工程学报,2018,38(04):700-708.

[51] 贾宝新,贾志波,陈扬. 基于间距折减法浅埋小净距交叉隧道安全性分析[J]. 地下空间与工程学报,2018,14(02):507-513.

[52] 康立鹏,施成华,彭立敏,等. 基于正交试验的立体交叉隧道施工影响因素研究[J]. 铁道科学与工程学报,2012,9(04):70-74.

[53] LIN Q T,LU D C,LEI C M,et al. Model test study on the stability of cobble strata during shield under-crossing[J]. Tunnelling and Underground Space Technology,2021,110,103807.

[54] LAI J X,FAN H B,CHEN J X,et al. Blasting vibration monitoring of undercrossing railway tunnel using wireless sensor network[J]. International Journal of Distributed Sensor Networks,2015,11(6).

[55] 曹明星,刘子阳,张东,等. 立体交叉隧道爆破振动响应分析[J]. 工程爆破,2020,26(05):93-99.

[56] ZHAO H B,LONG Y,LI X H,et al. Experimental and numerical investigation of the effect of blast-induced vibration from adjacent tunnel on existing tunnel[J]. KSCE Journal of Civil Engineering,2016,20(1):431-43.

[57] XIA Y Q,JIANG N,ZHOU C B,et al. Safety assessment of upper water pipe-

line under the blasting vibration induced by subway tunnel excavation[J]. Engineering Failure Analysis,2019,104:626-642.

[58] 朱正国,杨利海,王道远,等. 立体交叉隧道爆破动力响应和安全范围研究[J]. 铁道工程学报,2019,36(01):59-64.

[59] FANG Q,ZHANG D,LI Q Q,et al. Effects of twin tunnels construction beneath existing shield-driven twin tunnels [J]. Tunnelling and Underground Space Technology,2015,45:128-137.

[60] 陈卫忠,郑东,于建新,等. 交叉隧道施工对已有隧道稳定性影响研究[J]. 岩石力学与工程学报,2015,34(S1):3097-3105.

[61] 于建新,杨建平,赵武胜,等. 新建公路隧道上穿既有供水隧洞施工安全监测技术[J]. 公路,2020,65(01):303-308.

[62] 孟庆一,何长江,李德柱,等. 基于既有隧道健康检测的小净距立体交叉新建隧道安全性分析[J]. 价值工程,2020,39(19):165-171.

[63] JIN Y F,ZHU B Q,YIN Z Y,et al. Three-dimensional numerical analysis of the interaction of two crossing tunnels in soft clay[J]. Underground Space,2019,4(4):310-327.

[64] LI X G,Yuan D J. Response of a double-decked metro tunnel to shield driving of twin closely under-crossing tunnels[J]. Tunnelling and Underground Space Technology,2012,28:18-30.

[65] 武崇福,刘东彦,方志. FLAC3D 在采空区稳定性分析中的应用[J]. 河南理工大学学报(自然科学版),2007,26(2):136-136.

[66] LYSMER J,KUHLEMEYER R L. Finite dynamic model for infinite media[J]. Journal of Engineering Mechanics Division,1969,95:859-878.

[67] 刘继军. 地震动力响应分析最佳阻尼形式研究[J]. 工程技术研究,2020,5(03):269-270.

[68] 雷浩. 小净距立体交叉隧道动力响应特征及变形破坏模式研究[D]. 兰州交通大学,2021.

[69] 牌立芳,吴红刚. 地震作用下立体交叉下穿隧道动力响应振动台试验研究[J]. 岩石力学与工程学报,2021,40(01):88-100.

[70] 武志信. BFRP 锚杆(索)在高烈度地震区响水河高边坡防护中的大型振动台试验研究[D]. 兰州交通大学,2020.

[71] 凌贤长,胡庆立,欧进萍,等. 土-结爆炸冲击相互作用模爆试验相似设计方法

[J]. 岩土力学,2004,(08):1249-1253.

[72] 王志佳,张建经,付晓,等. 模型试验的分离相似设计方法—以锚索格构加固边坡模型试验为例[J]. 岩土力学,2016,37(09):2617-2623.

[73] 赖天文,雷浩,吴红刚. 不同方向地震荷载作用下公铁交叉隧道的振动加速度响应[J]. 中国铁道科学,2021,42(03):95-104.

[74] 许庆君,梁彧,吴红刚,等. 正交型立体交叉隧道的动力响应研究[J]. 隧道建设(中英文),2020,40(S1):90-97.

[75] YANG T,RAO Y K,WU H G,et al. Dynamic response of parallel overlapped tunnel under seismic loading by shaking table tests[J]. Shock and Vibration, 2021:2535762.

[76] 吴红刚,陈小云,艾挥. 隧道-滑坡正交体系受力模式的试验研究[J]. 铁道工程学报,2016,33(03):1.